Co z tą
Polską

TOMASZ LIS

Co z tą Polską

ROSNER & WSPÓLNICY

Warszawa 2003

Projekt okładki
Agnieszka Kaneko

Zdjęcie na okładce
Robert Wolański, z sesji dla tygodnika „Gala"

Edytor
Grażyna Szadkowska

Opracowanie redakcyjne
Małgorzata Wojciechowska

Korekta
Joanna Zioło

ROSNER I WSPÓLNICY, sp. z o.o.
Wydanie drugie, Warszawa 2003

ISBN 83-89217-44-9

Cena 25 zł

Opracowanie typograficzne, łamanie: IND
Druk, oprawa: Drukarnia Wydawnicza im. W.L. Anczyca, Kraków

PATRONI MEDIALNI

„Mistrzu – spytałem – skąd ten chór boleści,
Kto ów lud taką snadź rozpaczą zdjęty?"
On rzekł: „Męczarnię takiej podłej treści
Znoszą w tym miejscu te dusze mizerne,
Które bez hańby żyły i bez cześci. (...)"

Dante *Boska Komedia*

A TO POLSKA WŁAŚNIE

A kaz tyz ta Polska, a kaz ta?

Panna Młoda w *Weselu* Stanisława Wyspiańskiego

CO SIĘ STAŁO Z NASZĄ SZANSĄ

Ileż było w tych ostatnich kilkunastu latach uniesień i momentów euforii. Wielkich uniesień. Największych. Właściwie trudno byłoby nawet powiedzieć, które było największe. Może to, gdy w czerwcu 1989 roku skreśliliśmy długopisem tych, którzy całe dziesięciolecia pilnowali, by PRL-owi nic się nie stało. Może to, gdy niecałe trzy miesiące później powołano rząd Tadeusza Mazowieckiego. Gdy dwa miesiące później Lech Wałęsa mówił w amerykańskim Kongresie o wolności, co nie zniesie żadnych granic, bo ludzie zawsze przeskoczą przez mur albo mur rozwalą. Gdy rok później po raz pierwszy wybieraliśmy swojego prezydenta i gdy w następnym roku, pierwszy raz po pół wieku, w naprawdę wolnych wyborach wybieraliśmy swój parlament. Jeśli w historii zdarzają się sytuacje jak z bajki, to jedna z tych bajkowych chwil była właśnie wtedy.

W lutym 1989 roku byłem w Mszanie Dolnej (a może Górnej) i słuchałem w „Wolnej Europie" relacji z Okrągłego Stołu, a następnego ranka leciałem do kiosku, by przeczytać w „Trybunie Ludu", co mówi o tym władza. W lipcu, gdy generał został prezydentem, i w sierpniu, gdy Lech Wałęsa dogadał się z ZSL-em i SD, suszyłem torf w Norwegii, bo mojemu marzeniu o wolnej Polsce towarzyszyło marzenie o kawalerce. Ledwo zdążyłem

9

na *exposé* Mazowieckiego. A potem nie tylko historia przez wielkie H, ale i moja, przez małe h, dostały strasznego przyspieszenia. Konkurs do telewizji. Trzeciego maja 1990 roku (fajna data) prowadzenie po raz pierwszy *Wiadomości*, trzy tygodnie później wybory samorządowe, pierwsze od ponad pięćdziesięciu lat naprawdę wolne wybory w Polsce i wchodzę na żywo z Centralnej Komisji Wyborczej. Lipiec – wywiad z prezydentem Jaruzelskim w pierwszą rocznicę jego wyboru (dziewięć lat wcześniej, ba, dziewięć miesięcy wcześniej do głowy by mi to nie przyszło). Wciąż miałem wrażenie, że to jednak raczej generał niż prezydent, więc musiałem przezwyciężyć strach, by zapytać, czy generał-prezydent nie rozważyłby podania się do dymisji (powiedział, że tak). Generałowi trochę rolowały się skarpetki i do dziś mam jego schizofreniczy obraz: wszechmocnego generalissimusa, gdy występował w telewizji zamiast *Teleranka,* i generała z rolującymi się skarpetkami, któremu historia pokazywała dobranockę. Potem grudzień 1990 roku. Jestem na Zamku Królewskim, gdzie Wałęsa przejmuje zwierzchnictwo nad wojskiem i prezydenckie insygnia. W styczniu następnego roku zostaję parlamentarnym sprawozdawcą i na własne oczy oglądam historię. Na galerii dla publiczności, w miejscu, gdzie stacjonowali dziennikarze, miałem swoje stałe miejsce. To twarde krzesło było najlepszym miejscem na ziemi. A ja czułem się jak Forrest Gump. Jakimś przedziwnym trafem znalazłem się w miejscu najważniejszych wydarzeń.

Ileż było w nas wtedy entuzjazmu, wiary w nową Polskę, przekonania, że może być tylko lepiej. Potem gdzieś to uleciało, ale czas uniesień i euforii niezupełnie się skończył. Był przecież moment, gdy Polska wchodziła do NATO. Była też chwila, gdy po księgowo-buchalteryjnych, mało efektownych przepychankach w mało efektownej Kopenhadze stało się jasne, że w Europie będziemy nie tylko na mapie. Aha, jeszcze referendum, gdy – cóż za niespodzianka – ponad połowa z nas postanowiła pokonać kilkaset metrów albo kilka kilometrów, by Polsce w Europie powiedzieć „tak". Nie narzekajmy. Jak na jedno pokolenie, skromne kilkanaście lat, szczególnie jak na Polaków w Polsce, radości było co niemiara. Sprawiedliwie można by nią obdzielić kilka mniej szczęśliwych niż my pokoleń Polaków.

Były w tych kilkunastu latach chwile prawdziwej euforii nie tylko z powodu historii przez wielkie H i wartości przez wielkie W – wolność, niepodległość, demokracja i bezpieczeństwo. Były też rzeczy bardziej namacalne. Polska otwarta na świat, naprawdę otwarta, już nie przez swe gdańskie okienko, gdzie z powodu tak naprawdę niepełnego otwarcia ludzie co jakiś czas mówią władzy „nie". Spadła inflacja i nasze pieniądze przestały w krótkim czasie nabierać wartości porównywalnej z tym, co wychodzi z tartaku. Mamy wymienialny pieniądz. Nie mamy cenzury, a mamy wolne media. Nasze zadłużenie, jakby w prezencie, zmniejszają nam o połowę. Nasz Produkt Krajowy Brutto wzrósł o jedną trzecią w stosunku do roku 1989, nasza konsumpcja o jedną drugą, mamy trzy razy więcej studentów i sześć razy więcej absolwentów wyższych uczelni. Gdyby nam piętnaście lat temu ktoś obiecał to wszystko, co wymieniłem w tych dwóch akapitach, to byśmy powiedzieli, że takich złotych rybek nie ma. Bo są to wielkie osiągnięcia w skali nie tylko naszego pokolenia, ale całej polskiej historii.

ŚWIETNIE, ALE...

Jeszcze kilka lat temu byliśmy tygrysem Europy. Albo, jak wolał tygrys Grzegorz Kołodko – orłem. Orzeł leciał

11

wysoko jak nigdy. A dziś – smutek. Co się stało? Jeśli tyle nam się udało, to dlaczego jest tak źle? Jeśli mamy tyle powodów do dumy, to dlaczego odczuwamy głównie frustrację? Co się stało z Polską i z naszą demokracją? Orzeł stracił wysokość, macha wolniej skrzydłami, można mu się więc teraz lepiej przyjrzeć. Co widzimy? Demokrację, która w dużym stopniu jest jednodniowa – ogranicza się do dnia, w którym wrzucamy do urny kartkę wyborczą, jeśli oczywiście w ogóle fatygujemy się głosować. Nie ma równości. Nawet nie równości tego, co mamy. Tej nie ma i już nie będzie. Nie ma równości wobec prawa, bo jaka jest równość w kraju, w którym uczciwego biznesmena pakuje się do aresztu, ponieważ nie chce płacić łapówek politykom, a inny, nieuczciwy biznesmen czy polityk, zostaje na wolności, bo trzyma z władzą. Nie ma nawet prawdziwej równości szans, bo rozpiętość możliwości uczniów chodzących do dobrych szkół w dużych miastach i tych, którzy trafiają do słabych szkół w miastach małych, jest tak ogromna jak chyba w żadnym innym cywilizowanym kraju. A do tego młodzież z bogatszych domów z wielkich miast trafia na bezpłatne studia, więc biedniejszym, którzy często chodzili do gorszych szkół, zostają studia płatne. Dostają więc w kość i po kieszeni. Nie ma prawdziwej wolności gospodarczej, bo co to za wolność, gdy każdy miesiąc zaciska dyby nałożone wszystkim, którzy chcą zrobić pieniądze i rozwinąć skrzydła. Nie ma sprawiedliwości, bo co to za sprawiedliwość, na którą trzeba czekać latami, dobijając się do zapchanego innymi sprawami sądu. Nie ma prawdziwej telewizji publicznej, bo co to za telewizja publiczna, która służy nawet nie państwu, ale rządowi i rządzącej partii. Nie ma prawdziwej służby cywilnej, bo partyjni notable konsekwentnie pozbywają się wykształconych urzędników chcących służyć państwu, zastępując ich partyjnymi mianowańcami służącymi partii i sobie. Mamy rozciągniętą na całą Polskę sieć interesów i interesików łączących polityków wszelkiego szczebla z gospodarką – prywatną, a państwową w szczególności. Nie mamy poczucia wspólnoty, które pozwala nam w trudnych czasach sobie pomagać, które daje pewność, że wszyscy jedziemy w jednym kierunku, które sprawia, że od każdego z nas wspólnota dostaje to, co jest w nas najlepsze. Mamy moralny kryzys, bo ludzie na to wszystko patrzą i mają poczucie bezradności. Politycy jeżdżą po pijanemu, biskup jeździ po pijanemu, politycy kradną, piłkarze sprzedają mecze, pielęgniarze zabijają pacjentów, by dostać dolę od zakładu pogrzebowego. Ktoś powiedział: „Polska ocipiała". Plastyczne. Prawdziwe? Nie do końca. Bo skoro miliony ludzi mówią, że jest źle, i nazywają to zło po imieniu, mówiąc, co jest złe, to znaczy, że aż tak źle nie jest. Dopóki miliony Polaków zachowały zdolność odróżniania dobra od zła (a zachowały) i mają w sobie gotowość do walki ze złem (a sądzę, że mają), to nie jest tak źle. Wiadomo... Póki my żyjemy.

Ale żalu, złości, desperacji jest dużo. Pal sześć szklane domy, ale czy tak miała wyglądać nowa Polska? Tak ma wyglądać ten własny dom, w którym wreszcie jesteśmy? O to nam szło, o tym marzyliśmy? Wielkie historyczne sukcesy i przegrywana na naszych oczach wspaniała szansa, której nie miało poprzednich kilkanaście pokoleń Polaków. „To ulegam wzruszeniom oraz lewitacjom podniosłym, to spadam na samo dno upokorzeń i rozpaczy", jak pisał w *Kompleksie polskim* Tadeusz Konwicki. Ostatnio częściej spadamy, niż lewitujemy. Co się stało z polską szansą? Zawiodły elity? Politycy nie dorośli? Mamy wielki przywilej. Tak dobrej koniunktury nie mieliśmy w Polsce od 1717 roku, tak bezpiecznych granic nie mieliśmy prawie od trzech stuleci. Wszystko, co nam się udaje, zawdzięczamy sobie. Za wszystko, co nam się nie udaje, możemy winić siebie. Ale kogo? Nas wszystkich? A może mamy jakiś gen, który powoduje, że nie ma takiej szansy, której byśmy nie przepuścili przez palce, nie ma takiej okazji, której byśmy nie zmarnowali, nie ma takiej koniunktury, z której potrafilibyśmy zrobić użytek? Nie, nie wiem jak Państwo, ale ja nie jestem w stanie przyjąć tego do wiadomości. Geny mamy w porządku. Tylko niektóre trzeba trochę uaktywnić.

NIC DLA NAS Z NAMI?

Tyle dzieje się u nas rzeczy, na które jesteśmy wściekli. Może rację miał Wielopolski, gdy powiedział, że „dla Polaków można czasem coś zdziałać. Z Polakami nigdy"? Może rację miał Churchill, gdy mówił o nas: „Polacy – naród wspaniały w nieszczęściu i najnikczemniejszy z nikczemnych w chwilach powodzenia"? Myślę, że racji nie miał w tym punkcie żaden z nich, ale warto pamiętać o lekcji historii. Historii kraju, który zasłużył w swoim czasie na miano największego nieudacznika historii. Patrząc z niesmakiem na teraźniejszość i z nadzieją w przyszłość, tej lekcji zapomnieć nie możemy. Byliśmy wszak niemal do końca siedemnastego wieku światowym mocarstwem, imperium prawdziwym, by po wiekach anarchii i długiej nocy nieistnienia na mapie świata podnieść się na moment tylko po to, by spaść w otchłań fizycznego niemal wyniszczenia narodu. Był czas, gdzieś na przełomie szesnastego i siedemnastego wieku, gdy dukat polski był najsilniejszą monetą w Europie, gdy Polska miała prawie milion kilometrów kwadratowych, gdy każda wieś parafialna w Koronie miała szkółkę. Historia zna niewiele precedensów całkowitego bankructwa takiej potęgi. Ale udało się. Przez błędy na górze i na dole. Nasz król August II, niesłusznie w gruncie rzeczy nazywany Mocnym, poszedł ramię w ramię

14

z rosyjskim carem na wojnę ze szwedzkim królem. Po tej wojnie, zwanej północną, Rosja stała się potęgą, jej car wielkim imperatorem, a Polska rosyjskim protektoratem. Potem przez ponad pół wieku trzynaście tysięcy rosyjskiego wojska trzymało pod butem dwunastomilionowe państwo z milionem szlachty.

W okres poprzedzający zabory Polska wchodziła w stanie niemal pełnej anarchii, bez silnego wojska, rządu i skarbu, z całkowicie zdeprawowaną i zdemoralizowaną większością elit, która wolała oddać życie, niż dać zgodę na ratujące państwo reformy. Historycy wśród przyczyn upadku Polski obok położenia geograficznego wskazywali na „siłę wewnętrzną", dokładniej jej brak. Mówią o upadku moralności obywatelskiej i patriotyzmu. Na wyleczenie się z tego trzeba było jednej generacji. Ten trud podjęli Stanisław August Poniatowski, Stanisław Konarski i wielu innych. Za późno.

Jak wygląda współczesna Polska, gdyby oceniać ją, jak tamtą dawną, według kryteriów obywatelskiej moralności, stanu władzy i poczucia dyscypliny w narodzie? Ale może takie pytania i odnośniki do historii są niepotrzebne? Przecież dzisiaj żadnych rozbiorów nie będzie. Nikt nam nie zrobi inwazji. Nie znajdziemy się pod żadną okupacją. Nic takiego się nie stanie. Może tylko, jeśli nie weźmiemy się w garść i nie odrobimy pracy domowej, zapiszemy kolejny rozdział w dziejach głupoty w Polsce. To byłby jeden z najbardziej interesujących rozdziałów, na miarę tego sprzed wieków. Bo – to trzeba powtarzać w nieskończoność – o takiej szansie, jaką mamy teraz, nasi przodkowie mogli tylko marzyć. Za taką szansę oddawali zdrowie i życie.

Paweł Jasienica przypominał kilkadziesiąt lat temu o teoretykach szlacheckich, którzy twierdzili, że Bóg różnym narodom wyznaczył różne zadania. Anglikom kazał żeglować po morzach. Żydom kupczyć. Od Polaków zaś żądał, by go „rekreowali i cieszyli". Co sumiennie wypełniali, chciałoby się dodać. Czas dać tym szlacheckim historykom odpór.

Benjamin Franklin, wychodząc ze Zgromadzenia Konstytucyjnego, pytany, co osiągnięto dla narodu, odpowiedział: „Republikę, jeśli tylko potraficie ją utrzymać". A my potrafimy? Czy potrafimy uzdrowić i utrzymać prawdziwą demokrację, a nie jej naszą obecną, karykaturalną odmianę? Tak, jeśli będziemy w stanie wykonać gigantyczną pracę. Pot, krew i łzy obiecywał Brytyjczykom Churchill. Kto powie u nas ludziom, że jeśli chcemy naprawdę dojść tam, gdzie chcemy być, tego potu musimy jeszcze wylać całą masę? Bo nasze reformy zatrzymaliśmy w pół drogi, bo socjalizmu, etatyzmu i roszczeniowości mamy wciąż za dużo, bo nasze państwo wciąż za mało zarabia i zdecydowanie za dużo, a przede wszystkim nie na to, co trzeba, wydaje.

Tylko sześć procent Polaków uważa, że nasze reformy po 1989 roku się udały. Kto wie, ile zostałoby z tych sześciu procent, gdyby powiedzieć ludziom głośno, że to dopiero początek, a wiele trudnych decyzji jest jeszcze przed nami, że jeszcze bardzo długo będzie bardzo ciężko. Ale największym problemem nie jest to, że tak będzie, ani to, że nie bardzo widać polityków, którzy by to otwarcie przyznali. Być może większym problemem jest fakt, że nikt nie ma moralnego prawa żądać jakichkolwiek wyrzeczeń od ludzi, którzy dzień po dniu i tydzień po tygodniu widzą na własne oczy na szczytach władzy i na jej pośrednich szczeblach i szczebelkach tyle sobiepaństwa, korupcji, złodziejstwa, buty, arogancji i traktowania państwa jak swej własności. By ludziom mówić prawdę i prosić ich o zgodę na wyrzeczenia, trzeba mieć nie tylko odwagę. Do tego trzeba mieć moralne prawo. Nie mają tego moralnego prawa ci, którzy sprawili, że dziś pada pytanie, czy naprawdę jesteśmy demokracją. Na to pytanie nie tylko nie ma dziś w Polsce jednoznacznej odpowiedzi „tak, oczywiście". Jest coraz więcej znaków, że prawdziwą demokracją to my jednak nie jesteśmy. Bo co to za demokracja, gdzie władza poza dniem wyborów nie musi mieć do tego, by rządzić, niemal żadnego społecznego poparcia? Gdzie rządzący, słysząc o stawianych im zarzutach, idą w zaparte i kpią sobie z ludzi. Gdzie duża część polityków absolutnie i otwarcie lekceważy opinię publiczną. Gdzie publiczna telewizja nie tylko nie wypełnia swej roli, ale szkodzi, łamiąc elementarne standardy obiektywizmu i rzetelności.

Nastąpiła bardzo daleko idąca degradacja naszej polityki. Naszą politykę, nasz biznes, a przede wszystkim związki między polityką a biznesem przeżera ciężka choroba, może uleczalna, ale bardzo ciężka. Często można odnieść wrażenie, że nasz rząd nam nie służy. Nasza władza jest często skorumpowana i coraz częściej skompromitowana. Rządzą nami ludzie nierzadko niekompetentni, myślący nie o nas, nie o państwie, nie o Polsce, ale raczej o sobie, swoich krewnych, kolesiach i znajomkach. Obietnice składane nam przez polityków, wszystkie te zapewnienia, że „zagłosujcie tylko na nas, a za chwilę będzie lepiej", że „zaraz po wyborach, gdy tylko powiecie nam »tak«, wyczyścimy nasz dom", są składane ze świadomością, że jak będzie trzeba, zostaną złamane. I nazajutrz po wyborach są łamane. Zamiast porządku coraz większy brud. Resztki przyzwoitości nikną, a reguły, które jakimś cudem nie zostały złamane wcześniej, są też łamane. A jednak coś się dzieje. Coraz więcej ludzi mówi o tym głośno. Coraz jaśniejsze staje się to, kto społeczeństwu i państwu służy (bo takich jest wielu), a kto służy sobie i swoim.

17

MY I ONI

W Polsce więź łącząca społeczeństwo z władzą została naderwana tak bardzo, że jej zupełne zerwanie jest nieodległe. Nie wszyscy politycy zawiedli, ale kolejne sprawujące władzę ekipy bankrutują. W prezydenckim sondażu pierwsza dama, która nigdy nie dotknęła polityki, na łeb bije wszelkich polityków. Taka reakcja społeczeństwa świadczy o dość infantylnym, ale politykowstręcie. Już nawet nie tragiczny, ale czasem komiczny jest widoczny na co dzień, jak tamten z osiemnastego wieku, opór przed absolutnie niezbędnymi reformami. Każdego dnia widzimy kunktatorstwo, które stało się już normą. A potrzebujemy dziś w Polsce odważnych rozwiązań problemów, które to rozwiązania, wprowadzone w życie jutro, pomogą rozwiązać problemy, które są dziś i będą pojutrze. Tymczasem proponowane są co najwyżej tchórzliwe rozwiązania wczorajszych problemów. Jak pisał wielki historyk Władysław Konopczyński o zupełnie innej władzy, „władza obca narodowi pod względem moralnym i politycznym, z dobrem kraju się nie licząca, obojętna wobec jego cierpień, w pogoni za zyskami bezwstydna, taka władza tylko jedno mogła osiągnąć – znieprawić obywateli". Ryba psuje się od głowy.

Być może percepcja tego, co dzieje się w Polsce, jest gorsza niż to, co się dzieje. Ale percepcja w skali społecznej staje się częścią rzeczywistości. Czymś obiektywnym. A percepcja milionów Polaków jest taka, że są oni traktowani *per* noga, że się nimi pogardza. Jeśli obywatele czują się niemal zawsze petentami, czują się jak przedmiot manipulacji, jeśli mają wrażenie, że ciągle się ich wykorzystuje, to skutek musi być taki, jaki jest. Gigantyczny kryzys zaufania do państwa i instytucji państwa. Sfrustrowani i wyalienowani ludzie często nawet nie fatygują się, by głosować. Nie głosują w poczuciu, że nie ma sensu wybierać między jedną a drugą kliką, prawą albo lewą stroną tej samej politycznej „klasy". Inna sprawa, że – uderzmy się w piersi – wielu z nich nie idzie, bo im się nie chce i nie chciałoby się nawet, gdyby wszystko w Polsce było jak trzeba. Ja, choć pomstuję na to, co się w Polsce dzieje, tak jak inni, tego obywatelskiego lenistwa zrozumieć nie potrafię. Dzień wyborów, każdych wyborów, jest dla mnie wielkim świętem i słowo daję, że – wchodząc do mojego lokalu wyborczego w warszawskim liceum na Smoczej – zawsze mam łzy w oczach. Przecież to jest święto demokracji. Nawet najbardziej szara rzeczywistość nigdy mi go nie przesłoni. Co z tego, że w Polsce w życiu publicznym dzieje się wiele rzeczy, które dla obywatelskiego lenistwa stanowią świetne alibi. Ile by ich było, nie potrafiłbym się rozgrzeszyć, uświadamiając sobie w dniu wyborów o dwudziestej, że nie głosowałem.

Obywatelskie lenistwo bardzo mnie denerwuje, ale chcę je jednak zrozumieć. Skąd się ono bierze? Myślę, że nasi politycy, wbrew temu, co się o nich mówi, mają umiejętność inspirowania ludzi. Inspirują ich do bierności. Ale problem w tym, że nie tylko u obywateli-leni wiara w demokratyczne instytucje nieprawdopodobnie wręcz, jak na tak krótki czas – od 1989 roku – osłabła. Szalenie osłabła też – bo będę się upierał, że nie zniknęła – wiara, że Polskę można poprawić dzięki polityce. Będę się też upierał, że o wiele gorszy niż kryzys świata polityki jest postępujący zanik poczucia wspólnoty, poczucia, że mamy wspólny cel, że na tym wózku jedziemy razem, że mamy wobec siebie obowiązki, że to wszystko nie jest jakąś grą o sumie zerowej – że albo wszyscy wygramy, albo ogromna większość z nas, poza paroma oligarchami i nielicznymi szczęściarzami, z kretesem przegra. Zanik poczucia wspólnoty jest groźniejszy niż kompletny blamaż większości polityków, bo jeśli jedni politycy się kompromitują, można wybrać innych, ale jeśli chore zaczyna być społeczeństwo, ci inni zawsze będą tacy sami.

A JEDNAK POTRAFI

Na szczęście nie wszystko w Polsce jest nie tak. Mamy nieudaną i w dość powszechnej opinii skompromitowaną Krajową Radę Radiofonii i Telewizji, nieudolny rząd i żałosną Agencję Restrukturyzacji i Modernizacji Rolnictwa. Ale mamy też wiele świetnie działających organizacji pozarządowych, w wielu miejscach imponująco funkcjonujący samorząd terytorialny, kompetentny i odpowiedzialny Trybunał Konstytucyjny, trzymającą rękę na pulsie Radę Polityki Pieniężnej i powstający w bólach, a pracujący dla dobra kraju i dla przyszłości, Instytut Pamięci Narodowej. We wszystkich tych organizacjach i instytucjach są ludzie z lewej i z prawej, partyjni i bezpartyjni – to tak dla przypomnienia banalnej, ale wartej podkreślenia prawidłowości, że o wszystkim decydują konkretni ludzie i że głupota nie ma legitymacji partyjnej. Na każdego Czarzastego mamy w Polsce Jana Nowaka-Jeziorańskiego, na każdego Kwiatkowskiego mamy Kazimierza Kutza, na każdego Naumana mamy choćby Marka Balickiego, na każdego Łapińskiego mamy Andrzeja Zolla. Taki to dziwny kraj, w którym obok małości jest wielkość, obok cynizmu – idealizm, obok nieprzyzwoitości – cnota, obok bezwstydu – honor, obok zaprzaństwa i prywaty – patriotyzm. Jeśli tyle nam się w Polsce w ostatnich kilkunastu latach udało, to właśnie dzięki wielkości, idealizmowi, cnocie, honorowi i patriotyzmowi – uwaga – także polityków, z których niejeden zasłużył czy to na pomnik, czy to na wdzięczność nas i naszych dzieci. Jeśli udaje się nam ostatnio coraz mniej, to dlatego że cnoty te są w defensywie, spychane na margines przez cynizm, małość i głupotę. Czy naprawdę nie bylibyśmy w stanie sprawić, by te cnoty nie były w odwrocie, by je nobilitować i podnieść, bo tylko one pozwolą nam pójść naprzód. Przez ponad sto lat, a potem przez lat prawie pięćdziesiąt mieliśmy w Polsce dylemat: walka czy ugoda. Dziś sytuacja wygląda inaczej. Czeka nas w Polsce wielka bitwa, nie między władzą a opozycją, między SLD a PiS-em, LPR-em czy Platformą, nie między lewicą a prawicą, między liberalizmem a klerykalizmem, lecz między rozumem a głupotą. Między tymi, którzy chorują na Polskę i są wściekli, że sprawy się mają tak, jak się mają, a tymi, którzy państwo traktują jak dojną krowę, mającą wartość tylko wtedy, gdy jeszcze jest coś do wydojenia.

Pasują, według mnie, do dzisiejszej Polski słowa, które w czerwcu 1940 roku, kiedy naziści zdobyli Paryż i przygotowywali się do ataku na Anglię, wypowiedział na zjeździe swej maturalnej klasy Walter Lippmann: „Wzięliście wszystko dobre rzeczy, jako dane z góry i na zawsze. Teraz trzeba je zacząć zdobywać na nowo. Każdemu naszemu prawu, które jest nam drogie, musi towarzyszyć służba, którą trzeba wypełnić. Każdej naszej nadziei musi towarzyszyć zadanie, które trzeba wykonać. Każdemu dobru, które chcemy ocalić, musi towarzyszyć przywilej, który być może trzeba będzie poświęcić".

O wolności, demokracji i własnym państwie marzyły pokolenia Polaków. Dzięki zrządzeniu historii, Papieżowi, paru może nie intelektualistom, ale za to rozumnym politykom na Zachodzie i tysiącom odważnych, najczęściej bezimiennych ludzi w Polsce dostaliśmy wielki prezent. Przecież nikt z nas nie chce go stracić. Złość na politykę i polityków nie musi być zła. Może oznaczać, że organizm jest zdrowy, bo reaguje na to, co mu zagraża. Może po prostu nasza demokracja, wyglądająca ostatnio trochę jak wioślarska ósemka bez sternika, wchodzi

21

w okres autokorekty. Błogosławiona afera Rywina. Dzięki niej samoświadomość Polaków, nasza wiedza o tym, kto nami rządzi, jakie mechanizmy funkcjonują w naszej polityce, kto jest kim, kto ma jakie interesy i komu oraz czemu służy, jest nieporównanie większa niż dwudziestego szóstego grudnia 2002 roku, gdy niemal cała Polska nie miała pojęcia, jak to było, gdy Rywin przyszedł do Michnika. Dziś o Polsce i o nas samych wiemy dużo więcej. To bezcenna wiedza, bo pozwala widzieć dwie Polski. Polskę tych, którzy chcą, by u nas było lepiej, a dzięki temu lepiej było nam wszystkim, i Polskę tych, którzy chcą, by lepiej było im samym, nawet jeśli cenę za to miałby zapłacić kraj – mieliby ją zapłacić wszyscy inni. Trudno mi sobie wyobrazić, by te dwie Polski się ze sobą dogadały, by doszło między nimi do kompromisu. Ale też brakiem takiego kompromisu bym się nie przejmował, bo ceną za niego mogłoby być zapomnienie o wartościach, bez których wspólnota w normalny sposób funkcjonować nie może. Czy da się skleić Polskę Bartoszewskich i Nowaków-Jeziorańskich z Polską Czarzastych i Kwiatkowskich. Może one zresztą na swój sposób zawsze były i zawsze będą sklejone, taki rodzaj naszego polskiego superglue? Nie sądzę. One ze sobą po prostu sąsiadują. Pozostaje więc kwestia, kto w tym sąsiedztwie będzie decydował o regułach gry.

CAŁA NAPRZÓD

Coraz częściej mam wrażenie, że to, co w Polsce najlepsze, jest w defensywie. Ludzie ideowi, którym Polska leży na sercu, jakby się chcieli chować w poczuciu niewiary i w przekonaniu, że i tak wygrają cynicy. Prezydent Nixon – fakt, iż w zupełnie innym kontekście – mówił w swoim czasie, że w Ameryce jest milcząca większość. Myślę, że taka milcząca większość jest także w Polsce. Przecież większość z nas to ludzie, którzy ciężko pracują z nadzieją, że ich dzieciom będzie lepiej niż im samym, płacą podatki, przestrzegają prawa, wściekają się na to i owo, bronią się cynizmem i ironią, ale po cichu marzą, by kiedyś uwierzyć w coś wielkiego, by pojawiła się jakaś nowa nadzieja, a jak Bóg da, to może nawet niezłudna. Większość z nas byłaby chyba wdzięczna, gdyby ktoś określił nasze narodowe cele, nazwał polskie marzenie. Czego naprawdę chcemy, o czym dziś marzymy, do czego dążymy i w imię jakiej wizji chcemy dać z siebie coś więcej? Nikt nikogo nie wysyła na barykady, nikt nie mówi, że droga do naprawy Polski przebiega przez most Poniatowskiego. Idzie raczej o sensowną refleksję, która w jednym wielkim nurcie rzeki połączy miliony strumyczków, która nada jakiś wspólny kształt myślom pojawiającym się każdego dnia w milionach rozmów milionów Polaków. Tęsknię, jak pewnie miliony Polaków, za polskim marzeniem, bo chcę w coś wierzyć, bo potrzebuję idei, która mogłaby inspirować. Piszę to wszystko i sam się trochę boję. Przecież mój codzienny styl to raczej ironia, a nawet szyderstwo. A tu tyle wielkich słów. Próbuję się pilnować, by nie było ich za wiele, ale z drugiej strony myślę, że trochę wstydzę się tych wielkich słów, bo tak nie pasują one do rzeczywistości, co skrzeczy.

Codzienność nie znosi patosu i wielkich słów, ale codzienność staje się nieznośna, jeśli dla takich wielkich słów przynajmniej czasem nie ma w niej miejsca. Nie byłoby źle, gdyby słowa: „Polska", „patriotyzm", „ojczyzna" i „naród", wróciły do naszego słownika. Ostatnio z niego wyparowały, bo jakoś tak brzmią obco, nie pasują, może gdzieś w głowie się kołaczą, ale do języka im bardzo daleko. Ja się nie dziwię. Jak jakaś gazeta ma w nazwie „polska" albo „narodowa", to od razu podejrzewam, czy nie jest przypadkiem w swej nietolerancji

23

dla niestuprocentowych Polaków – antypolska. Gdy jakieś ugrupowanie ma w nazwie „ojczyzna", to czuję nie zapach wielkości, ale stęchliznę. Jak jakiś polityk używa wielkich słów, to reaguje mój uczciwościomierz. Ale z drugiej strony zżymam się, że „Polska – biało-czerwoni" słyszę tylko na stadionach, zwykle przed kolejną porażką.

Dziś „lepsza Polska" jest trochę w defensywie, trochę uśpiona, ale może niedługo będzie lepiej. Kto w 1978 roku spodziewał się niezwykłego roku 1980? Kto w roku 1987 myślał, że możliwy jest taki 1989, jaki mieliśmy dwa lata później. W wielu miejscach w Polsce od najróżniejszych ludzi słyszę: a gdyby tak założyć w Polsce partię ludzi uczciwych? Kiepska by to była nazwa i pretensjonalna, ale uczciwi na pewno muszą dać o sobie znać. Wszystko to, fakt, jest szalenie skomplikowane. Potrzebne jest wyzwanie rzucone *status quo*. Rzucenie go wymaga zaś odwagi. Wielkiej odwagi. Dokonać wielkiej zmiany, ale bez rewolucji, by nie zniszczyć niczego z tej masy rzeczy, którą nam się udało zbudować. Zbudować lub podbudować nowy patriotyzm i idealizm, choć wydaje się, że idealizm ma się w Polsce bardzo źle. Sprawić, by nasze państwo zaczęło nam służyć, choć można mieć pewność, że ono samo będzie stawiało opór. Ograniczyć rolę państwa w gospodarce, by była ona naprawdę rynkowa, a jednocześnie wykonać wielki wysiłek, by ci, którzy naprawdę potrzebują opieki, mieli ją zapewnioną. Doprowadzić do otwarcia systemu politycznego, choć ci, którzy są w środku, będą pilnować, by nikt do środka nie wszedł. Upublicznić media, choć ci, którzy nam je ukradli, uznają je już za swoją własność i na pewno nie zamierzają ich oddać. Budować optymizm w czasie, gdy społeczeństwo popadło w stan apatii. Ograniczyć władzę naszych oligarchów, choć wydają się oni wszechwładni. Sprawić, by najlepsi i najzdolniejsi nie wyjechali z Polski, by z niej wyjeżdżać nie chcieli i nie musieli, co będzie tym trudniejsze, że już za chwilę taki wyjazd będzie łatwiejszy niż kiedykolwiek wcześniej. Strasznie tego dużo. Bardzo to trudne. Jak człowiek jest normalny i ma trochę wyobraźni, to musi się przestraszyć. Ale, jak powiedział kiedyś w trudnych dla Ameryki czasach Franklin Delano Roosevelt: „nie można się bać niczego, poza samym strachem".

Skala zadania może przerażać, a jednak większa niż strach jest we mnie nadzieja. A niby dlaczego nie miałoby się nam udać? A niby dlaczego mielibyśmy nie podołać? Nie na bezdechu, z łopocącymi sztandarami, z ogniem w oczach, ale z planem w głowie, z uśmiechem, z życzliwością dla siebie i dla innych, spokojnie, metodycznie, krok po kroku jesteśmy w stanie ułożyć wszystko tak, jakbyśmy chcieli.

Teraz jeszcze pytanie: dlaczego o tym wszystkim piszę? Bo mi to leży na sercu. Czy mam jakieś specjalne prawo, by się w tej sprawie wypowiadać? Nie, żadne specjalne. Dokładnie takie jak każdy. Chcę z niego skorzystać.

CO SIĘ STAŁO Z NASZĄ KLASĄ?

Iluzją jest wyobrażać sobie autonomiczny rząd republikański, który nie miałby oparcia w cnocie. Podstawą dobrze funkcjonującej demokracji są wstrzemięźliwość, hart ducha, sprawiedliwość i rozsądek.

James Madison do Zgromadzenia Stanu Wirginia

cować. U nas taką identyfikację na masową skalę trudno dostrzec. Dlaczego? Między innymi dlatego, że nie ma mitu narodzin III Rzeczypospolitej. Całe szczęście, że Tadeusz Mazowiecki zasłabł w czasie *exposé*, bo milionom ludzi nie zostałoby w pamięci po tamtych wydarzeniach niemal nic. Jakże znamienny jest fakt, że symbolem wielkiej przemiany stał się w Polsce mebel. Stół. Wprawdzie okrągły, ale nie przeznaczony tylko dla „rycerzy". Okrągły Stół, dogadywanie się ze stróżami starego porządku, trochę zgniłe kompromisy – wszystko to takie mało romantyczne, takie mało inspirujące, takie mało „unoszące". Ja tego Okrągłego Stołu wcale nie lekceważę. To był wielki sukces. Zmienić kraj bez rozlewu krwi, wszystko pod czujnym okiem Wielkiego Brata, ze spoglądającymi zza węgła Husakami i Honeckerami. To wydarzenie ważne i historyczne. Tyle że jest i druga strona medalu, przepraszam, stołu. Upadek komunizmu w Polsce przypominał zamach pałacowy. Inaczej niż choćby sierpień 1980 roku, który miał swoje ikony, swoje pieśni, symbole, swój znak graficzny, swój zapach i nastrój. Pamiętam piosenkę z tamtego sierpnia: „Nie mam teraz czasu dla Ciebie, / nie widziała Cię długo matka, / jeszcze trochę poczekaj, dorośnij, / opowiemy Ci o tych wypadkach". O Okrągłym Stole żadna piosenka chyba nie powstała. Przełom roku 1989 oglądaliśmy trochę jak mecz w telewizji. Wywoływał on wielkie emocje, ale emocje, które kończyły się wraz z ostatnim gwizdkiem. Macha człowiek nogami, ale nie podnosi się z fotela. Jest kibicem, a nie uczestnikiem. Zwycięstwo uznaje za swoje, za porażkę wini tylko tych, co grali. Miliony ludzi nie miało za grosz poczucia współuczestnictwa w czymś wielkim. Nie było u nas rozwalania żadnego muru, nie było wielkich demonstracji (szkoda), nie było krwi (dzięki Bogu), nie było rewolucji (dzięki Bogu), nawet aksamitnej (szkoda). To, że historyczny zakręt wzięliśmy w miarę bezproblemowo, miało więc i zalety. Ale absolutny brak jakiejkolwiek legendy tego wielkiego i historycznego wydarzenia jest niezwykły. W głowie się nie mieści, że rodząca się po tylu dziesięcioleciach wolna Polska, wolna po raz drugi w ostatnich ponad dwustu latach, nie ma żadnego mitu założycielskiego. Jak to możliwe, że nie ma ona nawet swojego święta? Kiedy? Oczywiście rację miała Joanna Szczepkowska, gdy powiedziała, że czwartego czerwca 1989 roku skończył się w Polsce komunizm. Jak to usłyszałem, od razu pomyślałem: „genialne, proste, ktoś powie, że za proste, ale dokładnie tak". Polacy, korzystając ze swojego prawa, pokazali wtedy komunistom, jak oceniają czterdzieści pięć lat ich rządów. Jak dziś pamiętam, że odświętnie się ubrałem, w klapę wpiąłem znaczek „Solidarności" i wszedłem do lokalu wyborczego, uważnie wypatrując, czy wszyscy widzą, na kogo to za chwilę będę głosował. Sam się dzisiaj z tego śmieję, ale wtedy nie był to pierwszy lepszy dzień. Tak zwana lista krajowa niemal w komplecie wyleciała w kosmos, a kandydaci z drużyny Lecha zdobyli niemal wszystko, co było do zdobycia. W połączeniu z wydarzeniami, jakie tego samego dnia miały miejsce w Pekinie, ilustrującymi, do jakich potworności może dojść w komunizmie, data jak znalazł, by ją świętować. Czwarty czerwca, piękna pogoda, dobry czas na świętowanie na ulicach i w parkach. Że ludzie nie chcą świętować? A może zechcieliby, gdyby im uświadomić wagę tego, co się wtedy stało, i gdyby świętować pozwolono. Historia potrzebuje mitu, a mit potrzebuje symbolu. Czwarty czerwca się nadaje.

Symbol byłby czymś dobrym na początek, ale nie bądźmy naiwni. Żadna taka deklaracja społeczeństwa nie wyleczy i na duchu go nie podniesie. Nowa Polska potrzebuje nie tylko mitu i symboli. Potrzebuje swego etosu. Co to jest ten etos? Według Marii Ossowskiej to „styl życia jakiejś społeczności, ogólna orientacja jakiejś kultury, przyjęta przez nią hierarchia wartości". Jaka jest ta hierarchia? Skomplikowana sprawa, ale chyba instynktownie czujemy, że nasza hierarchia wartości jest teraz trochę inna, niż być powinna. Wielcy politycy, świeccy katolicy przy okazji, Konrad Adenauer, Charles de Gaulle, Robert Schuman czy Alcide De Gasperi, uważali, że ich narody mogą być budowane wyłącznie na fundamencie moralnym. Kiepsko jest u nas z tym fundamentem. No, ale co się dziwić. To zdaje się polska specjalność budowlana – zamurować zdechłego kota, żeby na lata roznosił się wszędzie nieznośny fetor. Trochę szkoda, że premierzy wchodzą dziś do pracy nie od Alei Ujazdowskich, ale z boku, od Bagateli (*sic!*), bo nie muszą przez to codziennie patrzeć na umieszczony nad wejściem napis: „Honor i Ojczyzna".

„Moralność", wielkie słowo. A trochę mniejsze, „przyzwoitość"? Strasznie dużo u nas nieprawości i zwykłej nieprzyzwoitości. Ciekawe, bo wydaje się, że dzisiaj przyzwoitość nie stawia nam poprzeczki tak wysoko jak naszym przodkom. To nie jest skok na dwa metry czterdzieści. Raczej metr siedemdziesiąt. Czasy wymagają od nas o tyle mniej niż od poprzednich pokoleń. Żadnego heroizmu, żadnego poświęcenia zdrowia i życia na ołtarzu ojczyzny. Zwykłe codzienne zmagania z materią, wspólne ciągnięcie naszego wózka w jedną stronę, pomaganie innym i niepodkładanie im świń. Męczące czasem i frustrujące, ale w sumie proste. I do tego teoretycznie korzystne, bo czy może być lepsza (wieloletnia, dobrze oprocentowana) inwestycja niż uczciwość? Ale może nie zawsze i nie wszędzie, skoro uczciwość często odbierana jest w Polsce jako frajerstwo, a tak często nagradzana jest nieuczciwość? Kto wie, może ucząc nasze dzieci, że mają być uczciwe, uczymy je właśnie frajerstwa, bo trudno jest u nas liczyć na nagrodę za uczciwość i bezinteresowność. Trudno nawet o zwykłą ludzką satysfakcję, że postąpiło się tak, jak należało postąpić, bo uczucie to jest gruchotane przez wściekłość, że znowu wygrali gdzieś bezwzględni i cyniczni cwaniacy.

Cwaniactwo nie jest u nas jak wyspa na oceanie przyzwoitości, jak mały archipelag na morzu uczciwości. To wielka rafa. Nie przez przypadek owych cwaniaków, bandytów i złodziejaszków zwykle nie spotyka żaden ostracyzm. Nie przestaje się komuś takiemu mówić „dzień dobry" i podawać mu ręki. Nie bojkotuje się go. Nie wyklucza się takiego z towarzystwa. Zresztą trudno się dziwić, skoro samo słowo „towarzystwo" bardziej niż z przysłówkiem „dobre" łączy się teraz z rzeczownikiem „towarzysze". Nikt nie strzela sobie w łeb, i to wcale nie dlatego, że trudno o pozwolenie na broń. Skandali i wielkich kompromitacji co niemiara, a wstydu nie ma. Rumieniec wstydu? To już chyba tylko dla nastolatek. Bohater największej afery w III RP nie chowa się po kątach, nie unika wzroku bliźnich, ale wyzywająco patrzy im prosto w oczy, ostentacyjnie paląc kolejne wielkie cygaro. W jego obronie, może i pod presją, ale presji jednak ulegając, staje kilkadziesiąt osób ze świecznika. Kilkadziesiąt innych podobno już przestępuje z nogi na nogę, bo jak już nasz Lew dostanie wyrok w zawieszeniu, to będzie z nim można zrobić kilka nowych interesów. Solidarność 2003. Nawet bez wielkiej zapalczywości o tym mówię, bo sam podaję rękę ludziom, którym być może podawać się jej nie powinno. Bo też nie chcę być taki zasadniczy. No bo co z tego, że będę, jak inni nie będą. Prawda, że wytłumaczyłem się bez kłopotów? W tym kłopot.

Jak walczyć ze złem, skoro ludzie, którzy z racji swej pozycji powinni na to zło reagować, nie reagują? Jak budować moralne podstawy całego społeczeństwa, skoro nawet, a może przede wszystkim, w jego elitach funkcjonuje fałszywa solidarność (jakże zmalało to słowo), skoro mówienie prawdy bywa traktowane jak donosicielstwo? W tę wielką aferę zamieszany jest młodzieżowy aparatczyk, z politycznego nadania szef instytucji, za którą płacą ludzie i która w związku z tym powinna się cieszyć niezachwianą wiarygodnością. Że kręci w czasie składania zeznań? Że przyzwoici ludzie mówią mu: odejdź, zniknij na moment? Że jego reputacja została pogrzebana? I co z tego? On idzie w zaparte i funkcjonuje jak gdyby nigdy nic. Jego kolega, słusznie mający tytuł sekretarza, opowiada przed sejmową komisją o rzeczach, których normalny, przyzwoity człowiek by się wstydził, i co rusz powtarza, że jest dumny. I co? I nic. Trudno, tacy ludzie są wszędzie, muszą więc być i u nas. Ale oni nie „są". Oni rządzą, oni nas ustawiają, rozstawiają po kątach, decydują o tym, co oglądamy w telewizji, za którą sami płacimy.

Nie ma dumy, że jesteśmy tu, gdzie jesteśmy, że coś nam się jednak udało, że mamy własne PAŃSTWO. Nie ma etosu, jednoznacznej hierarchii wartości, z których najważniejszym ogromna większość z nas choćby starała się być wierna. Nie ma premii za uczciwość i bezwzględnego karania nieuczciwości. Nie ma zbyt wiele wewnętrznej wolności, nie wolności „od", że tego i owego mi już nie każą, ale wolności „do" – że to wszystko nasze, że jesteśmy obywatelami, że to nasze państwo i jesteśmy już w nim podmiotami, i że jesteśmy w nim najważniejsi. Ustrój demokratyczny, z jego wspaniałymi instytucjami, ale bez etosu i moralności, może być tylko karykaturą demokracji, skrywającą jej marność dekoracją. Po pięćdziesięciu latach systemowej demoralizacji trzeba pewnie bardzo długiego czasu, by etos zbudować, a moralność odbudować. Ale tempo tej odbudowy zależy od nas, a można odnieść wrażenie, że nie

34

wykorzystujemy tego czasu tak, jak należy. Etos? U nas bardziej popularne jest „e tam".

MIĘKKA MORALNOŚĆ

Świat naszej polityki coraz częściej opisuje się słowami: „gnój", „rak", „upadek", „bankructwo", „degrengolada", „gangrena", „rynsztok". Ale jeśli każdego dnia z gazet, radia i telewizji wylewa się nowa fala skandali, jeśli minister sprawiedliwości mówi, że do tych gazet boi się zaglądać w obawie, że przeczyta o kolejnych aferach, jeśli złodziejstwa jest co niemiara jak Polska długa i szeroka, to trzeba zadać pytanie: Może w naszym stawie wszelkie ryby są drugiej świeżości? Bo z tym psuciem się od głowy różnie bywa. Jak mi się parę razy w lodówce zepsuła, to od razu cała. Nie miałem wrażenia, że tu proces od głowy właśnie się zaczyna.

Kolejna ekipa – i jest, jak było. Prawica czy lewica, nic się nie zmienia. Może nasze polityczne elity są, jak to się ładnie mówi, emanacją społeczeństwa? Może, mówiąc po ludzku, my wszyscy tacy jesteśmy, a ci na górze są tacy sami jak ci na dole, tylko lepiej ich widać. Ta góra, w istocie, jest z kadencji na kadencję, coraz wierniejszym odzwierciedleniem dołów, choć w demokracji powinno być trochę inaczej. Brytyjska Izba Gmin nie jest przecież izbą gminu. Amerykański Senat nie jest przecież wierną kopią amerykańskiego społeczeństwa, a powszechnie, i nie bez racji, nazywa się go superekskluzywnym klubem. U nas klub – i to nie dlatego, że mieści się na nomen omen Wiejskiej – jest mało ekskluzywny. Jego otoczenie też.

Moralna jednoznaczność bywa męcząca, szczególnie gdy jej rzecznikami są dwuznaczne moralnie osoby. Ale nawet gdy kandydaci na Katonów są normalni, bywają kłopotliwi. Ciągłe mówienie o normach, ciągłe stawianie ludziom przed oczami lustra, ciągłe reprymendy – nie, tych, którzy tak robią, się nie lubi. Większość z nas woli słyszeć: „róbta, co chceta" (no, może lepiej, fakt, gdy ta myśl jest sformułowana bardziej subtelnie). Ale totalna moralna niejednoznaczność jest o wiele groźniejszą chorobą. Gdzieś, kiedyś w życiu społecznym musi być miejsce na biblijne „tak, tak, nie, nie", na jakże irytujące i uwierające jednoznaczne zasady i twardą moralność, na jasną, precyzyjną ocenę. Nie „zgrzeszył" czy „popełnił głupstwo", ale „zachował się kompromitująco i nieprzyzwoicie". Zabawne, że potrafimy w Polsce często nazywać przyzwolenie na zło tolerancją. Może to nie żadna tolerancja, tylko świadome obniżanie sobie samym moralnej poprzeczki? Bo jak wiemy, że nie przeskoczymy nie tylko poprzeczki ustawionej na wysokości dwa metry czterdzieści, ale także tej na metr siedemdziesiąt, to ustawiamy ją sobie na wysokości metr dwadzieścia. Może niechętnie ostro krytykujemy innych, bo sami nie chcemy być krytykowani, a coś czujemy, że powodów do krytyki byłoby sporo. I tak to swój moralny relatywizm zgrabnie opakowujemy biblijnymi formułkami o kamieniu, którym nie chcemy rzucić pierwsi, i o sądzeniu, którego nie chcemy uprawiać, by nie sądzili nas samych. Nigdy Państwo tego nie robią. Ja, przyznaję, nieraz.

To może jakoś w to osądzanie wmieszałbym się na przykład Kościół, którego powołaniem jest sądzenie i wskazywanie? Ktoś powie, że wielu księży swoją postawą pozbawia się moralnego prawa do sądzenia i wskazywania czegokolwiek komukolwiek. Może prawda. Problem w tym, że wielu odmawia wszystkim, także Kościołowi, prawa do stosowania jakichkolwiek moralnych sankcji. „Kościół? Niech się nie miesza". Wymagamy już więc od niego nie tylko, by nie mieszał się do polityki, ale też, by się nie mieszał do niczego. Zachowujemy się, jakbyśmy chcieli, by pozostał instytucją usługową – chrzciny, śluby, pogrzeby – oczywiście zastrzegamy sobie prawo do krytyki Kościoła, że za te usługi pobiera od nas za dużo. Przecież każda instytucja usługowa musi być poddawana krytyce.

Jak nie Kościół, bo coś nam każe, to może istotnie „róbta, co chceta"? I tu jednak, jak zauważyli socjologowie, występuje ciekawe zjawisko. Wielu Polaków bierze udział w akcji Jerzego Owsiaka właśnie dlatego, że mówi on do nas, byśmy pomagali, jeśli chcemy, a nie, byśmy pomagali, bo powinno się pomagać. Chwała Owsiakowi, że znalazł sposób, by dotrzeć do naszych serc i kieszeni, ale ciekawe, czy znalazłby drogę do naszych portfeli, gdyby udał się do nich przez nasze głowy. Gdy widzę młodych ludzi z puszkami zbierających na Wielką Orkiestrę, płacę, ale serduszka wolę sobie nie przylepiać. Bo to chyba trochę za mało, żeby kupić dobre samopoczucie i plakietkę „jestem taki fajny, jak wy, jak my wszyscy". Może taka terapia jest potrzebna, ale wydaje mi się zbyt prosta. Gratulacje dla Owsiaka, że potrafił złapać kontakt z młodzieżą, ale udało mu się tak po części dlatego, że nigdy jej nie karci, a zawsze jej schlebia. Efekt? Owsiak krzyczy w Żarach do młodych: „Jesteście przyszłością Polski". A przyszłość wsiada do pociągów i je demoluje. Ja do pociągu z taką przyszłością nie wsiadam. Do byle jakiego, gdzie nie dba się ani o bagaż, ani o bilet, też nie. Po pierwsze, chcę wiedzieć, gdzie jadę. Po drugie, boję się konduktorów.

Oczywiście mamy jeszcze autorytet – największy i, poza skamielinami chamskiego antyklerykalizmu, nietykalny – Papieża. Ale i tu, zauważają socjologowie, rzecz ciekawa. Nawet nie to, że Papieża słuchamy, ale go nie słyszymy (tak to bywa w tłumie, szczególnie gdy skwar, a nagłośnienie szwankuje). Nawet nie to, że podziwiamy go, bo nikt z naszych nigdy takiej kariery nie zrobił (nic w tym złego, nawet dobrze, że jest jeden Polak, który zrobił wielką karierę, a nie dotknęła go polska mega-zawiść). Co innego. Wielu kocha Papieża nie za to, że uczy nas o miłości, że wskazuje, podpowiada. Nie za to, że na takie a nie inne wartości kładzie nacisk. Raczej za to, że znajdujemy w jego działalności pewne drobiazgi będące echem wartości, które sami wyznajemy, choć dla Papieża wydają się one, powiedzmy, drugorzędne. A to, że zna języki obce, a to, że jeździł na nartach, pływał kajakiem, jeździ po świecie, jest tolerancyjny, szanuje ludzi i religie. Świetnie, wszystko to prawda, ale akurat ten wybór papieskich atutów i walorów pontyfi-katu omija wszystko, co istotne, wszystko, co wiąże się z jakimikolwiek naukami Papieża czy wymaganiami, ja-kie on nam stawia.

Moralne pęknięcia widać u nas wszędzie. Na górze i na dole. Gołym, a już na pewno uzbrojonym okiem widać erozję etyki w biznesie, o której na ucho mówi wielu sa-mych biznesmenów. Szybki, kosmicznie szybki awans, szybkie, błyskawiczne kariery, szybkie, lecące w stra-tosferę fortuny. Już towarzysz Stalin ostrzegał, że naj-gorszy jest zawrót głowy od sukcesów. Pojawiła się w ostatnich kilkunastu latach w Polsce masa fantasty-cznie utalentowanych ludzi, którzy tych talentów nie za-kopali, ale je wykorzystali, zarabiając wielkie pienią-dze. I dobrze, na zdrowie. Pojawiło się też jednak, nie wiadomo dokładnie ilu, ale bardzo, bardzo wielu krę-taczy chcących się błyskawicznie ustawić, niezależnie od tego, ile reguł i ile kodeksowych artykułów trzeba po drodze złamać. Zresztą dajmy spokój biznesmenom. Nie poddaliśmy się przecież zaszczepianej nam za PRL-u niechęci do badylarzy i prywaciarzy. Spójrzmy gdzie in-dziej. Na przykład sędziowie, którzy bronią jednego ze swoich, choć są dowody, że upijał się z mafiosami, któ-rych sam potem wybitnie łagodnie karał? A naukowcy, niewyrzucający na margines kolegi, który od A do Z wszystko skądś spisał? A dziennikarze, często siedzący w kieszeni służb specjalnych biznesmenów i opłacani przez agencje public relations? A minister, który tworzy ustawę podatkową, a potem czerpie profity z podpowiadania, jak ją omijać? A nasi politycy, którzy powinni mieć poczucie służby, którzy powinni być jak żona Cezara? Przecież dla nich moralna poprzeczka powinna być ustawiona jeszcze wyżej niż dla nas. A chyba nie jest, skoro gorzej niż o politykach mówi się dzisiaj w Polsce chyba tylko o przestępcach. Jeśli „Solidarność" zdobyła władzę, to nie tylko dlatego, że ludzie mieli dość PRL-u, ale dlatego, że ludzie „Solidarności" reprezentowali wielką, także moralną ideę. Dawali nadzieję nie tylko na to, że będzie dostatniej, ale że w naszym życiu publicznym zostanie przywrócony pewien moralny porządek. Nie został przywrócony i dlatego „Solidarność" trafiła tam, gdzie trafiła, a anonimowy tłum ryczy w kinie z radości, gdy słyszy w *Psach* „Janek Wiśniewski padł".

Gdyby jeszcze było „tylko" tak, że jest u nas źle, to pół biedy. U nas cała bieda, bo jest nie tylko źle, ale coraz gorzej. Wygląda na to, jakby w życiu publicznym obowiązywało prawo Greshama, gorsze wypiera lepsze. BMW jest w Polsce coraz bardziej popularną marką. I to we wszystkich kolorach. Bierni, mierni, ale wierni są w ofensywie. Gdzie mogą, wypierają porządnych, uczciwych i lojalnych wobec zasad. A gdzieś po drodze następuje też „korupcja" naszego języka. „Ukraść"? Nie, u nas coraz częściej mówi się „załatwić". „Korupcja"? Skąd, u nas to coraz częściej jest układ. „Mafia"? Nie, to partia polityczna. „Szwindel"? Nie, to *deal*. Słusznie wskazywał Orwell, że w społeczeństwach totalitarnych ludzie przestają nazywać rzeczy po imieniu, że słowa tracą znaczenie i sens. Według księdza Tischnera nienazywanie rzeczy po imieniu jest charakterystyczne dla zdefiniowanego wcześniej przez Zinowjewa *homo sovieticus*.

Jest w nas tego sowietikusa sporo. Trzeba go wyskrobać, nawet jeśli będzie bolało.

HOMO POLONICUS

Ryba psuje się może od głowy, ale fetor dochodzi do ogona całkiem szybko. Pod koniec lat dziewięćdziesiątych tylko co czwarty Polak uważał, że zawsze trzeba postępować w zgodzie ze swoimi zasadami. Chyba mało roboty mają spowiednicy, skoro tak łatwo się rozgrzeszamy. Jest bardzo źle. Nie jest tak, że nie mamy żadnych zasad. Mamy je. Ale silniejsza jest nasza gotowość ich złamania, jeśli tylko jest to dla nas wygodne. Nie można więc narzekać na złe elity i dla kontrastu przeciwstawiać im dobry lud. Mamy tu swoiste przenikanie. Wszystko się przenika, jedno brudzi się od drugiego. Oszukujemy, kradniemy, kombinujemy z KRUS-em i załatwiamy lewe renty. Ocenia się, że dwadzieścia procent Polaków funkcjonuje w szarej strefie. Zapłacimy mandacik, panie kierowco? O, wiemy, jak sprawę załatwić. Lewe zwolnienia lekarskie, lewe zaświadczenia o byciu rencistą, masowe jeżdżenie na gapę, niekoniecznie z braku pieniędzy na bilet. Lekarz wystawia fałszywe zwolnienia i strasznie się dziwi, że w warsztacie samochodowym zrobili go w konia. Robotnik oszukuje ludzi i dziwi się, że lekarz każe mu płacić łapówkę. Ludzie oszukują pracodawcę i chodzą na lewe zwolnienia, a potem trzęsą się ze złości, że do baku nalano im chrzczonej benzyny. Złorzeczą na polityków i mówią, że państwo jest be, ale nie mają cienia zahamowań, by to państwo doić tak bardzo, jak się da. Nie jesteśmy dziećmi. Wiemy, że coś jest złe, ale widocznie nie jest aż tak bardzo złe, byśmy wszyscy zgodnie potępili kogoś, kto źle postąpił. Chyba że jest to kwalifikacja typu „wszyscy ci politycy to złodzieje". Jeśli „pójście w zaparte" daje w Polsce tak rewelacyjne efekty, oczywiście idącym w zaparte, to właśnie dlatego. I nie jest, być może niestety nie jest tak, że „stare", zdeprawowane przez czasy PRL-u pokolenie jest złe, ale „młode", wychowane w wolnej już Polsce jest inne. W aż banalny sposób sprawdza się kolejne polskie przysłowie: „niedaleko pada jabłko od jabłoni", skoro, jak podkreślają polscy socjologowie, młodzież mówi o etyce, ale z góry deklaruje gotowość zagłuszenia ewentualnych wyrzutów sumienia, gdy zasady etyczne złamie.

Zapytać ludzi w Polsce, co jest dla nich najważniejsze, a najczęściej usłyszy się: „rodzina". Pięknie, na tym można wiele zbudować. Ale z całym szacunkiem dla podstawowej komórki życia społecznego, nie jest ona całym społeczeństwem. Badacze zwracają uwagę, że u nas częścią spadku po rozbiorach, okupacji i czasach PRL-u jest podział na sferę oficjalną i prywatną. W jednej sferze, w tej oficjalnej, ludzie robili to, co musieli. W drugiej postępowali w zgodzie ze sobą i z uznawanymi przez siebie wartościami. Była to swoista forma obrony przed opresyjnym reżimem, ale na dłuższą metę skutkiem tego był moralny relatywizm, oportunizm i cynizm. Stąd swoista próżnia społeczna, bo ludzie uznali, że jedyne ważne więzi społeczne to te z domu i jego okolic, w sferze prywatnej. Stąd zanik odpowiedzialności za dobro wspólne. Ciekawe, że znajdujemy dzisiaj echo tego, co było obecne już w Polsce szlacheckiej. Wtedy też brakowi moralności, cnót, odpowiedzialności i dyscypliny w życiu społecznym towarzyszyły moralność i zdyscyplinowanie w życiu rodzinnym. Dla współczesnych Polaków, w tym akurat nie ma nic złego, priorytetem jest rodzina. Ale w wielu przypadkach jest to priorytet tak absolutyzowany, że towarzyszy mu gotowość ukradzenia czegoś, jeśli tylko ma to służyć własnej rodzinie. Nie ma więc dobra wspólnego. Jest dobro moje i moich ziomków, które niweluje inne

wartości. A wszystko, co wykracza poza te nasze ziom-
kostwa, jest problemem. Na naszym osiedlu od wielu lat
nie udaje się postawić bramy wjazdowej. Jak już brama na
moment stanęła, to ją ktoś rozwalił. Dobro wspólne. Komuś przeszkadzało, że droga koło osiedla była byle jaka,
więc zbierał pieniądze na płyty chodnikowe. Pieniądze ze-
brał, płyty kupił, płyty się walały, potem zniknęły. Dobro
wspólne. Nawet się nie zdziwiłem. Zdziwiłem się, że da-
łem pieniądze na te płyty, wiedząc, jak będzie. Każdy z rę-
kawa wyciągnie masę podobnych historii.

Nie jest zdrowe społeczeństwo, które nie rozumie pojęcia
dobra wspólnego albo je lekceważy. Nie jest, bo z ak-
ceptacji istnienia czegoś takiego jak dobro wspólne, wynika gotowość samoograniczenia się ze względu na coś,
co wspólne właśnie, ze względu na coś, co jest ustalone
w ramach kompromisu i obowiązuje wszystkich. Samoograniczenia się, a z drugiej strony podjęcia jakiegoś
ekstra wysiłku na rzecz innych, a więc także siebie, bo
idzie o coś wspólnego. Kategoria dobra wspólnego jest
zupełnie oczywista i podstawowa w każdym zdrowym
społeczeństwie. U nas, w Polsce, nie. Jednoczymy się
wokół wielkich symboli, choćby Papieża. Wzruszamy
się, gdy słyszymy *Mazurek Dąbrowskiego*, bo właśnie
znowu wygrał Małysz i pokazał, że Polacy nie gęsi i swój
sukces mają. Ale o tym, jacy jesteśmy jako społeczeństwo, decyduje nie nasz stosunek do rodziny i reakcja
na widok Jana Pawła II, ale nasz stosunek do państwa,
do prawa, do zasad. Miarą patriotyzmu nie jest objętość
łez wylanych na widok Papieża i zwycięskiego Małysza,
ale gotowość respektowania reguł i twardego przeciw-
stawiania się ich łamaniu. Bo zamiast wzruszać się wi-
dokiem przylatującego do nas Jana Pawła II, może lepiej słuchać, jak apeluje do odpowiedzialnych osób, by
używały swej wolności w sposób etyczny, jak mówi o solidarności polegającej na tym, że każdy jest odpowiedzialny

42

za wszystkich i troszczy się o wspólne dobro – wszystkich.

Paradoks współczesnej Polski. Ludziom jest coraz lepiej, ale państwo jest coraz biedniejsze. Normalnie jest tak, że skoro bogacą się ludzie, bogaci się państwo, dzięki czemu ludziom jeszcze łatwiej jest się bogacić. Jeśli państwo ubożeje w momencie, gdy bogacą się ludzie, to znaczy, że albo bogacą się oni kosztem państwa, albo w najlepszym razie, obok państwa. Co czwarty Polak ma telefon komórkowy, co piąty ma dostęp do internetu. Jest nieporównanie lepiej, niż było, ale dobrze będzie, gdy lepiej będzie funkcjonowało całe państwo, a nie tylko poszczególni ludzie. Dążenie do szczęścia nie jest niczym złym. Pisał o tym Arystoteles, pisał Święty Augustyn, pisali o tym twórcy amerykańskiej konstytucji. Ale szczęście na własny rachunek, obok wspólnoty, kosztem wspólnoty, powinno mieć gorzki smak. Przyzwoity człowiek powinien mieć od takiego szczęścia czkawkę. Ale nie idzie przecież o to, by ludzi wziąć za twarz i zacząć od nich wymagać altruizmu i przyzwoitości. Państwo, korzystając z danych mu sankcji, musi wymuszać przestrzeganie prawa, ale na straży etosu musimy stać my wszyscy. We Włoszech do dziś mówi się, że gdy nastał Mussolini, pociągi zaczęły chodzić punktualnie. Świetnie, ale idzie o to, by chodziły one punktualnie, bo ci, którzy za to odpowiadają, uważają, że tak być powinno, a nie tylko dlatego, że ich obowiązek zapewnienia punktualnego kursowania pociągów jest wspierany przez przymus. Potrzebny jest etos, w którym prawo postrzegane jest nie jako młot na nasze głowy, ale jako przyjaciel i opiekun wolności.

Potrzebny jest etos wspólnoty, co nie znaczy etos egalitaryzmu i zawiści wobec współobywateli. Według znawcy marksizmu Anthony'ego Danielsa marksizm odwoływał się do nienawiści i usprawiedliwiał ją, przynosząc racjonalizację niedogodnego, a jednocześnie uniwersalnego i niedającego się wykorzenić uczucia – zawiści. Wcielenie tej jednej idei naszym marksistom udało się ponad wszelką wątpliwość. Dlatego dziś musimy się nauczyć prosić złotą rybkę o to, by nasza krowa dawała więcej mleka, a nie o to, by zdechła krowa sąsiada.

SKĄD TEN PROBLEM?

Jak znaleźliśmy się w punkcie, w którym jesteśmy? Skąd ta wszechogarniająca, absolutna niejednoznaczność moralna? Skąd ta relatywizacja wszystkiego – może prawda, może fałsz, może zło, może nie, może dozwolone, może nie, może złe, ale inni robią tak samo? Relatywizacja wszystkiego jest nieunikniona, gdy nie dokona się rozdziału między dobrem a złem. Tu dochodzimy do grzechu pierworodnego III Rzeczypospolitej. Zdefiniowanie go wyjaśnia, dlaczego Polacy nie mają poczucia, że są w innym niż przed 1989 rokiem świecie, że to już inna, zupełnie inna Polska, dlaczego się z tym państwem nie identyfikują, a w każdym razie identyfikują w sposób niewystarczający. Zła w Polsce nie zidentyfikowano i nie nazwano, a tych, którzy za to zło odpowiadali, nie osądzono. Nie osądzono ani przed sądem, ani przed opinią publiczną. W Niemczech funkcjonariusze SED wylądowali na śmietniku historii albo w areszcie. W Czechach uznawany, i słusznie, za wzór cnót oraz tolerancji, prezydent Vaclav Havel przez kilkanaście lat swej prezydentury ani razu nie zaprosił na Hradczany żadnego członka kierownictwa byłej i obecnej partii komunistycznej, ba – nigdy żadnemu z nich nie podał ręki. W Iraku za elementarny warunek oczyszczenia życia publicznego uznano wyeliminowanie z niego funkcjonariuszy partii Baas. A u nas? Za PRL-u przy okazji kolejnych zakrętów pytano, czy zegarek mogą naprawić ci, którzy go zepsuli. Dziś, widząc, co się w Polsce dzieje, trzeba zapytać, czy mogą osuszyć bagno ci, którzy przez dziesięciolecia tkwili w nim po uszy. Przyznaję bez bicia. Gdy pojawiła się w Polsce idea lustracji, byłem przeciw. Sprzeciw nie dotyczył nawet istoty sprawy. Patrzyłem na naszych lustratorów i nabierałem głębokiego przekonania, że nie chciałbym żyć w Polsce, w której im byłoby dobrze. Jakoś ten bijący z ich oczu bolszewicko-prawicowy zapał mnie przerażał. Było to odruchowe i biję się w piersi – nie lubiłem idei, bo nie podobali mi się jej adwokaci. Dziś jednak widać, jaką cenę zapłaciliśmy za tamto zaniechanie. Nie eliminując z życia publicznego funkcjonariuszy komunistycznego systemu, cień rzucono na miliony ludzi, którzy – choć byli członkami PZPR-u – nic złego dla kraju nie zrobili, więcej, często zrobili dla niego bardzo dużo dobrego. Narzucono im lojalność wobec resztek po nieboszczce partii, choć może chętnie by się jej wyrzekli. Jak wymagać od przeciętnego Polaka, by był wyznawcą jednoznaczności moralnej w sytuacji, gdy mimo kilkunastu lat prób nie osądzono komunistycznych zbrodni? Jak wymagać, by ludzie byli stróżami prawa, gdy nie osądzono winnych afery FOZZ-u, największej gospodarczej afery końcówki PRL-u? Jak oczekiwać identyfikacji obywatela z państwem i z wymiarem sprawiedliwości, gdy widzi on wielkie starania, by winnych tej afery nie osądzić nigdy? By możliwa była cnota, po imieniu trzeba nazwać zło. Zabójstwa i nieprawości PRL-u obciążają nie tylko tych, którzy je popełnili. Cień zbrodni pada także na tych, również ze strony solidarnościowej, którzy nie zrobili wszystkiego, by winni zostali oskarżeni, osądzeni i ukarani.

Czasem można nawet u nas odnieść wrażenie, że prawda stała się w Polsce niepoprawna politycznie. Nazwanie PZPR-u partią komunistyczną? Nazwanie SLD partią postkomunistyczną? Przypomnienie o komunistycznej przeszłości prezydenta i premiera? Właściwie nie wypada tego robić. Niekiedy to nawet więcej niż niepoprawność polityczna. To coś graniczącego z narodową lobektomią. Skrajnym jej wyrazem jest opinia, którą można znaleźć w bardzo ważnych gazetach, że „prawda o AK jest złożona", że „złożona jest prawda o kazamatach Ministerstwa Bezpieczeństwa Publicznego". Można też usłyszeć powtarzane w nieskończoność brednie o korzyściach płynących ze stanu wojennego.

Czy można iść w przyszłość, odrzucając pamięć o przeszłości? W roku 403 przed naszą erą w Atenach, po przegraniu krwawej wojny ze Spartą, zdecydowano, że nie można wspominać przeszłości. W czasie drugiej wojny światowej generał de Gaulle postanowił uśmiercić kolaboracyjną rzeczywistość wojennej Francji i wręcz narzucił jej wizję narodu zjednoczonego w walce z okupantem. Problem w tym, że we Francji mieliśmy do czynienia z upodleniem części narodu w obliczu wroga i z bohaterstwem bardzo nielicznych. W Polsce zaś narzucona z zewnątrz władza próbowała upodlić cały naród. Przekreślenie tej oczywistej prawdy może służyć wyłącznie daniu legitymacji moralnej oprawcom i funkcjonariuszom starego systemu. Nie idzie o to, byśmy do kodeksu karnego wpisywali zasadę „oko za oko, ząb za ząb", a potem wcielali ją w życie. Idzie tylko o to, by zło nazwać po imieniu i je napiętnować, wpisać to wszystko po wieczne czasy do podręczników historii i nie nazywać podłości patriotyzmem, a człowieka bez honoru człowiekiem honoru. Nigdy nie miałem w sobie rewolucyjnego zapału i lustracyjno-dekomunizacyjnej determinacji, ale nie jestem też za tym, by popadać w drugą skrajność, w relatywizm, i poddawać się historycznej sklerozie.

Tak, w momencie narodzin III Rzeczypospolitej wiele było chwil uniesień, a nawet euforii. Ale często bezpośrednio sąsiadowały z nimi momenty zdziwienia, zawodu i frustracji. Co dzieje się, gdy miliony Polaków, zamiast mścić się na funkcjonariuszach reżimu, w zaciszu lokalu wyborczego metodycznie, kreska po kresce, nazwisko po nazwisku, skreślają kandydatów do Sejmu z „listy krajowej"? Obie strony skądinąd wielkiego okrągłostołowego kompromisu decydują, że skreślonych zastąpią inni funkcjonariusze reżimu. To tyle, jeśli idzie o wolę ludu. Dziewiętnastego sierpnia 1989 roku wielka chwila. Tadeusz Mazowiecki dostaje misję stworzenia rządu. Kilka miesięcy później ten rząd wykazuje wielką wyobraźnię i determinację, wchodząc na drogę niezwykle trudnych gospodarczych reform. Gospodarka potrzebowała przełomu i Mazowiecki, za co sam poniósł ciężkie polityczne konsekwencje, podjął męską, godną męża stanu decyzję o poparciu tych reform. Pamiętam, jak jechałem do pracy autobusem 116 i w jeszcze wielkoformatowej „Polityce" czytałem artykuł Jerzego Baczyńskiego o tym, co się może stać, jak takie radykalne reformy gospodarcze zostaną wprowadzone. Bardzo się wtedy bali nawet najwięksi zwolennicy takich reform. Tym większa zasługa reformatorów gospodarki. Ale co z przełomem politycznym? Gdy w Polsce zaczynały się tamte wielkie rzeczy, władze NRD domagały się od Michaiła Gorbaczowa, by doprowadził do interwencji w Polsce albo ogłosił jej blokadę gospodarczą. Tak, sytuacja była groźna. Ale niedługo potem była już zupełnie inna. Mur Berliński został rozbity, Nicolae Ceauşescu został rozstrzelany, Vaclav Havel został prezydentem. Historia unieważniła część porozumień, a wyobraźnia polityczna i odwaga polityczna nakazywałyby doprowadzenie do politycznego przełomu. Wtedy potrzebna była inna „gruba kreska", oddzielająca Polskę komunistyczną od wolnej Polski. Tej wyobraźni i odwagi zabrakło. Także woli politycznej, bo próbę rozliczenia zła, czyli próbę zrobienia tego, co zrobiono u naszych południowych i zachodnich sąsiadów, nazwano wtedy zoologicznym antykomunizmem. A jak miało być przyśpieszenie, uosabiane przez lidera „Solidarności", to skończyło się wspieraniem lewej nogi. Tak ją wsparto, że Polska do dziś utyka na prawą. Potem była heroiczna walka z wszelkimi próbami przeprowadzenia w Polsce lustracji i dekomunizacji, gra na haki. Pozwolono tkwić w polskim życiu publicznym i w polskiej polityce ludziom, którzy powinni z nich zniknąć na wieki wieków amen. Mało tego, do tego grona dołączyły hordy im podobnych, no bo skoro mogą tamci, to dlaczego nie podobni, tylko trochę młodsi. Ktoś sprawił, że w polskim życiu publicznym znaleźli się Włodzimierz Czarzasty i Robert Kwiatkowski, ktoś był promotorem ich błyskawicznych karier. Chyba że tylko wydawało się, iż to perły, a potem okazało się, że jednak nie perły. Dalszym ciągiem tej drogi było zdemolowanie idei telewizji publicznej, zawężenie przestrzeni publicznej debaty i – bez eufemizmów – ograniczenie wolności słowa.

Jedni, których nie rozliczono, cynicznie wkradli się w łaski elektoratu, odwołując się do lęków, frustracji, zawiści i oczywistych w pierwszym okresie polskich przemian trudności. Inni, ci z solidarnościowego pnia, uznali, że dostali od historii mandat i moralne prawo sprawowania władzy, więc jeśli społeczeństwo ich nie popiera, to oznacza, że nie dorosło ono i w związku z tym aż tak bardzo nie należy się nim przejmować. Niestety, zgubne skutki relatywizacji dotknęły też tych, którzy zdawali się mieć patent na moralność. Antykomuniści wykonali ogromną pracę dla skompromitowania polskiej demokracji, pracę może mniej zorganizowaną, ale równie imponującą w skutkach, co działania ich politycznych przeciwników z partii postkomunistycznej.

PRL był nie tylko złem, mówią adwokaci ludowej ojczyzny. Na użytek rozważań o upadku etosu i publicznej moralności w Polsce lepiej jednak powiedzieć, że PRL nie był całym złem. Były przecież demoralizujące pokolenia naszych przodków zabory, była okupacja. Tak, ale jednocześnie po długiej nocy zaborów mieliśmy dwudziestoletni czas nobilitacji patriotyzmu, obywatelskich cnót i wierności państwu. Nie ma co tamtego czasu idealizować. W polityce, owszem, było wtedy wiele brudu, był agresywny antysemityzm z ohydnym *numerus clausus* i z gettem ławkowym, była Bereza, była sterowana demokracja, był dyzmizm. Ale tamto państwo miało swój etos, tamto społeczeństwo miało swój etos. Chyba nie przez przypadek mówi się do dziś o „przedwojennych" nauczycielach, o „przedwojennych" dozorcach. Przed wojną administracja w Polsce była stabilna, sprawna i skuteczna. Przed wojną istniał w Polsce etos służby urzędniczej. Dozorcy robili to, co do nich należy, nauczyciele nie tylko uczyli, ale i wychowywali, poczta działała bez zarzutu, pociągi chodziły jak w zegarku. Z demokracją było krucho, ale była moralność. Może czasem dla dobra państwa jest ona nawet ważniejsza niż demokracja. Widocznie coś pękło dopiero po drugiej wojnie. Chyba nie przez przypadek starsi ludzie mówią dziś, że w pokoleniu wojennym funkcjonował etos gotowości na śmierć za ojczyznę. I tak musiało być, skoro rzeczywiście szli „jak kamienie przez Boga rzucane na szaniec", skoro naprawdę my, Polacy, strzelaliśmy do wroga z diamentów. Aleksander Bocheński pisał w *Rzeczy o psychice narodu polskiego*, że zgodnie działały w przedwojennej Polsce kodeksy etyczne Monteskiusza, prawa honoru i religii. Ale nie tylko pod zaborami i nie tylko w czasie okupacji mówiło się głośno o Polsce, niepodległości i patriotyzmie. Bardzo dużo mówiło się o tym także za PRL-u. Nawet wtedy te słowa dla bardzo wielu ludzi bardzo wiele znaczyły. Czy dzisiaj przestało się mówić o niepodległości i wolnej Polsce, bo już ją mamy? Może, w jakimś stopniu. Po co mówić o jedzeniu, skoro lodówka pełna. Ale czy tylko dlatego?

GDZIE JEST LEKARSTWO?

Kisiel napisał kiedyś, że z psów chowanych pod szafą mogą wyrosnąć tylko jamniki. Trzeba przyznać jamnikom, że są psami rasowymi, ale czy rzeczywiście jesteśmy takimi jamnikami? Wszyscy? W normalnych okolicznościach normy i standardy określa i narzuca wszystkim klasa średnia. Jaka ona u nas jest? Słabiutka. Trudno więc, by była zdolna te standardy wyegzekwować. Od czego zacząć naprawę Polski i kto oraz gdzie ma ją zacząć? Nie lekceważę perspektywy jakiegoś politycznego przełomu w Polsce. Nie lekceważę pomysłu zmiany III Rzeczypospolitej na IV, ale trudno sobie wyobrazić, że przełom czy jakakolwiek zmiana będą miały jakikolwiek sens, jeśli nastąpi tylko zmiana cyferek, a nie nastąpi w społeczeństwie głęboka zmiana postaw moralnych.

Już Arystoteles dowodził, że polityka i moralność są ze sobą nierozerwalnie złączone. Co nie znaczy, że polityka nie ma być pragmatyczna, chłodna i skalkulowana.

W jednym z kalifatów zarządcę, który brał łapówki, na rozkaz kalifa obdarto ze skóry. Posłużyła ona do obicia fotela następcy owego urzędnika. Ale korupcja trwała. Dlaczego? Bo ludzie mieli ją we krwi. Robert Putman, który napisał słynną pracę o włoskim samorządzie regionalnym, stwierdził, że te same instytucje wygenerowały zupełnie inny porządek społeczny i zupełnie inną atmosferę w północnych i w południowych Włoszech. Stało się tak, bo mieszkańcy południowych Włoch uznawali inne wartości niż mieszkańcy Włoch północnych. Stąd na południu była korupcja i stosunki niemal mafijne, a na północy zapanował porządek.

O wartościach, które muszą być żywe, jeśli żywa i zdrowa ma być demokracja, nie przez przypadek pisano od kilku tysiącleci. To, o czym pisał Arystoteles, prawie dwadzieścia wieków później stwierdził jeden z twórców amerykańskiej demokracji. James Madison zwracał uwagę, że „założywszy właściwy system kontroli i równowagi można sądzić, iż obywatele poczują się zachęceni do postępowania w sposób prawny i zatroszczą się zarówno o własne, jak i o publiczne dobro. Ale cnota jest nieodzowna. Instytucje nie mogą bez niej funkcjonować". Z kolei jezuita i prawnik Heinrich Pesch pisał w wieku dziewiętnastym, że żadna ekonomia nie może dobrze funkcjonować bez uczciwej pracy, uczciwego postępowania, gotowości do współpracy i innych cnót obywatelskich. Myśli Madisona i Pescha rozwijał człowiek, który o amerykańskiej demokracji świetnie pisał prawie dwa wieki później – Michael Novak. On też przekonuje, że prawidłowe funkcjonowanie instytucji zależy w wielkim stopniu od etosu funkcjonującego we wspólnocie i od praktykowania przez jej członków pewnych cnót. Demokracja i rynek wymagają podstawy moralno-kulturowej. Bez moralnych i kulturowych założeń dotyczących natury jednostki i zbiorowości, wolności i grzechu, pracy i oszczędności, powściągliwości i współpracy ani demokracja, ani kapitalizm nie mogą zdać egzaminu. Wolność daje jakieś owoce, gdy towarzyszy jej moralna klarowność, odwaga i powściągliwość. Czasy się zmieniają, oceny nie.

Jakie owoce da nasza wolność? Czasem można odnieść wrażenie, że niektórzy, wcale nie nieliczni ludzie w Polsce, stają na głowie, by okres niejednoznaczności trwał jak najdłużej, by okres przejściowy wcale nie był przejściowy, by panowały u nas chaos i gmatwanina. Chcą tego, bo na styku tego, co prywatne, i tego, co państwowe, na styku polityki i gospodarki, dalej będzie można robić – tu jeszcze jedno jakże użyteczne w ostatnich czasach słowo – przewały. Jak długo woda będzie mętna, męty robiące brudne interesy będą mniej widoczne. Jak długo panują chaos, gmatwanina i moralna niejednoznaczność, nie będzie można zbudować żadnego etosu. Nie będzie można, bo ludzie będą przekonani, że jedna klika zastępuje drugą, że ludzie idą do polityki, do samorządu, Sejmu czy Senatu wyłącznie po to, by napchać swe kabzy, że wszystkich tych radnych, posłów i senatorów guzik obchodzi dobro publiczne i przyszłość kraju. Jakieś dwadzieścia lat minęło od czasu, gdy Andrzej Mleczko opisał stosunek między rządzącymi a rządzonymi w PRL-u słynnym rysunkiem. Dwóch towarzyszy spogląda z oddali na rozzłoszczony tłum. Jeden z nich pyta drugiego: „Dlaczego oni mówią »oni«, skoro my mówimy o nich »my«"? Dlatego właśnie. Teraz czasy mamy inne i inną na szczęście Polskę, ale obecnie stopień alienacji władzy i społeczeństwa zbliża się do tego z minionej epoki. Zamiast galopem zmierzać w nowe czasy, przeżywamy powrót do przeszłości.

MORALNOŚĆ JEST *COOL*

W *Zmierzchu i upadku Cesarstwa Rzymskiego* Edward Gibbon w ciemnych kolorach maluje dramatyczny obraz tego, co dzieje się, gdy cnoty obywatelskie zanikają. Nic dobrego w Polsce się na dłuższą metę nie uda, jeśli nie doprowadzi się do odrodzenia tych cnót. Nie cierpię snobizmu i niemal w snobistyczny sposób z nim walczę, ale byłbym za pewną jego odmianą, za swoistym snobizmem moralnym. Czy nie byłoby nam w Polsce wygodniej, gdyby znowu nobilitowano słowo „honor", gdyby doszło do reanimacji rzadko ostatnio używanej formuły „wypada – nie wypada". I nie mówię o reanimacji *à la* łódzkie pogotowie. Cynizmowi trzeba przeciwstawić idealizm, relatywizmowi – jednoznaczność, bezwstydowi – honor, etyce użytkowej – prawdziwą etykę. Trzeba przypomnieć sobie lekcje religii. Zdaje się, wbijano nam do głowy dziesięcioro przykazań, a nie dziesięć sugestii.

Bardzo dużo jest na tych stronach „dużych" słów. Nie za dużo? „Rzadko na moich wargach – / Niech dziś to warga ma wyzna – / Jawi się krwią przepojony, / Najdroższy wyraz: Ojczyzna", pisał Kasprowicz. Polska młodzież nie lubi patosu i patriotycznej retoryki, nie lubi wielkich, a nawet dużych słów. To wszystko nie jest *cool*, w każdym razie w ostatnich sezonach. Patriotyzm, owszem, istnieje, ale w formie szczątkowej, stadionowo-szalikowej. Huzaria leci, „biało-czerwone to barwy niezwyciężone", pomalowane na biało-czerwono policzki, „jeszcze Polska nie zginęła", „jeszcze jeden" i zwykle porażka. Może następnym razem będzie lepiej. Sam kocham piłkę, ściskam kciuki, mam nadzieję, że się uda, więc się z tego wszystkiego nie śmieję, no, może trochę. Ale gdyby tak ten patriotyczny ferwor wynieść poza stadiony? Rzadko na moich wargach słowo ojczyzna. Rzadko, OK, ale nigdy? Skąd to zawstydzenie, gdy one padają? Niechęć do patosu może być normalną i właściwą reakcją na pożegnanie z nowomową. Ale czasem zazdroszczę pokoleniom poprzednim, nawet temu z czasów narodzin PRL-u, że te wielkie słowa przechodziły im przez gardło łatwiej. Hasła też były jakby większe. „Wszystko, co nasze, Polsce oddamy", „Służba Polsce", „Cały naród buduje swoją stolicę". Dziś wszystko w Polsce skarlało, to i słowa zmalały. Te największe sprawiają wrażenie, jakby do współczesnej Polski nie pasowały. Ja się nie dziwię. Sam byłem poddany tej tresurze. Pamiętam pierwszy obóz harcerski. Codziennie rano śpiewaliśmy: „Wszystko, co nasze, Polsce oddamy". Ale gdzieś w połowie obozu przyjechali młodzi aktywiści w trochę pionierskich mundurkach i dorzucono nam nową zwrotkę: „Socjalistycznej

SPOŁECZEŃSTWO NIEOBYWATELSKIE

Rozwiązanie społecznych problemów zaczyna się
od stworzenia ochotniczej straży pożarnej,
od założenia kółka filozofów i biblioteki.

Benjamin Franklin

SPOŁECZEŃSTWO OBYWATELSKIE

„Róbmy swoje", śpiewał w latach osiemdziesiątych Wojciech Młynarski i wydawał się to najlepszy, minimalno-maksymalny pomysł na tamte czasy. Odwrócić się od władzy. Ignorować ją. Skupić się na tym, co da się zrobić, w czym władza i państwo nam nie przeszkodzą. Program był minimalno-maksymalny, bo choć mało ambitny, dawał szansę na wszystko, co w tamtym systemie było możliwe. Ludzie robili swoje, a ponieważ niektórzy robili nawet trochę więcej, PRL zgasł.

Minęło kilkanaście lat. Dalej robimy swoje. I także na tym trochę polega problem. Bo program skrojony jak ulał na czasy, w których państwo nie było nasze, nie przystaje do czasów, w którym państwo jest nasze jak najbardziej. Ludzie, tak jak chciał Młynarski, dalej robią swoje. Ale robią swoje w swych mieszkaniach, może na swych podwórkach i na swoich działkach. A spółdzielnia mieszkaniowa, do której należymy? Jeśli narzekamy, że ktoś coś w niej sobie załatwia, to czy aktywnie się temu przeciwstawiamy, czy tylko złorzeczymy? Może by tak wejść do władz spółdzielni? To nie pytania, to moje wyrzuty sumienia, bo wiem, że powinienem należeć, ale załatwianie spraw jakoś zwalam na innych. A szkoła, do której chodzą nasze dzieci? Wściekamy się, że coś albo wszystko jest nie tak. Czy postanawiamy wziąć sprawy w swoje ręce i wejść do komitetu rodzicielskiego? A osiedle, na którym mieszkamy? A nasze miasto? A nasz kraj? Tu ogromna większość z nas nie robi swojego. Tu ogromna większość z nas nie robi nic. Tu większość z nas wchodzi w rolę obserwatorów i recenzentów: „To nie działa. Tam zawalili robotę. Ci nawalili. Tamtego nie zrobili". Jesteśmy mistrzami świata w zrzucaniu odpowiedzialności na innych, najlepszymi własnymi adwokatami, specjalistami w znajdowaniu alibi dla swej bezczynności. „Moja chata z kraja". Tak było i tak jest. Pozostało w nas coś z chłopskiej mentalności, która jeszcze przed wojną na pytanie o narodowość wielu włościanom kazała odpowiadać – „my ludzie tutejsi". Mówię „w nas", bo słysząc pytania o to, czy nie zaangażować się w to albo w tamto, sam często odpowiadam: „przecież ktoś bierze za to pieniądze". Wstyd mi, gdy jakiś znajomy, nawet jeśli myśli tak samo jak ja, zabiera się do roboty, ale często nie jest mi aż tak wstyd, by mu pomóc.

Horyzont ograniczał pole widzenia polskich chłopów do zagrody i własnej wsi. Polska? To była abstrakcja. Tradycja szybko nie umiera. Z sondaży wynika, że mamy w Polsce „deficyt obywatelstwa", skłonność do bierności i chowania się w sprawy prywatne. To nie jest chwilowa wysypka. To musi być ciężka choroba, skoro niektórzy socjologowie dochodzą nawet do wniosku, że nie mamy już w Polsce społeczeństwa, a jedynie masę pojedynczych organizmów. Cały komunistyczny system oparty był na wszechwładzy państwa i atomizacji społeczeństwa. Wzmacniał on apatię i pasywność ludzi. Rozbici, mieli być bezsilni w konfrontacji z władzą. Stąd ta ożywcza i superenergetyczna chwila, gdy w czasie pierwszej pielgrzymki Jana Pawła II ludzie zobaczyli, ilu ich razem jest, jaką mogą stanowić siłę, jak to się wtedy mówiło – policzyli się. Pamiętam ten dzień drugiego czerwca 1979 roku, gdy w czasie przerwy przed lekcją polskiego włączyliśmy telewizor i oglądaliśmy powitanie Papieża. Pani polonistka z pop-u (postawowej organizacji partyjnej) wyłączyła nam telewizor, a w ramach rekompensaty nastawiła płytę z kabaretem Dudek. Z całym szacunkiem, ale nawet Kobuszewski mówiący, że „chamstwu trzeba się przeciwstawiać siłom i godnościom osobistom", to nie było dokładnie to. Ale polonistka postąpiła logicznie. Ona, jak cała komunistyczna władza, wiedziała, czym to wszystko pachnie, czym ta wizyta człowieka z dalekiego teraz już kraju grozi. Papież dokonał w ciągu kilku dni paru cudów. Ale Papież nie przyjeżdżał do nas każdego dnia, nie mógł więc być lekarstwem, które na dobre wyleczyłoby nas z choroby. Dlatego chorzy jesteśmy do dziś. Dlatego po czasach wszechwładnej władzy i bezsilnego społeczeństwa mamy dziś w Polsce czas bardzo silnej klasy politycznej i bardzo słabego społeczeństwa obywatelskiego.

W 1789 roku, gdy kilkudziesięciu ludzi pisało amerykańską konstytucję, zaczęli ją od „We, The People...", „My, Naród". Zaimek „my" zdefiniował Amerykę. U nas też jest zaimek: „jeszcze Polska nie zginęła, póki MY żyjemy". Ale nasz zaimek to raczej ludzie mieszkający w pewnym kraju niż wspólnota. U nas bowiem tego „my" jest niewiele. O wiele bardziej realni są „ty", „on", jacyś „oni". Knują, przeszkadzają, kradną, nie dają nam tego, czego nam potrzeba i co nam się należy. Oni rządzą, oni manipulują. Oni ustawiają wszystko pod siebie. A gdybyśmy tak do akcji weszli MY i ustawili wszystko tak, by najważniejsze było to, co NASZE i co określi przyszłość NAS? NAS WSZYSTKICH? Abstrakcja, prawda? W każdym razie na razie.

Jest to abstrakcja, bo ogromna większość z nas to ludzie bierni, którzy nie mają siły, a przede wszystkim ochoty, by w cokolwiek się angażować, by egzekwować od polityków choćby to – niech już padną te słowa – co nam się należy. Ze wszystkich sondaży wynika, że ludzie są niezadowoleni z tego, co jest. Zdaniem większości sprawy kraju idą w złym kierunku. Czarno na białym widać, że ogromna większość nie uważa, iż partie, które mamy, reprezentują interesy ludzi tak, jak powinny. Po aferze Rywina miażdżąca większość twierdzi, że żyjemy w chorym państwie. Ale jeśli wszystkie te powyższe zdania są prawdziwe, a są, to dlaczego nie widać żadnego ruchu na rzecz zmian? Dlaczego ze strony społeczeństwa nie ma choćby jakiegoś jednoznacznego gestu pokazującego, że nie ma zgody na to, co jest, i że jest wola zmian? Pierwszy sondaż z brzegu. Z rozwoju demokracji w Polsce zadowolonych jest dwadzieścia osiem procent Polaków. Niezadowoleni to sześćdziesiąt cztery procent, prawie dwie trzecie Polaków. Co oni wszyscy robią? Jakoś ich, nas, nie słychać. Czy jedyną formą artykulacji ich poglądów jest opublikowanie wyników sondażu? Czy wystarczy nam, że sobie pogadamy i ponarzekamy?

Powie ktoś, że społeczeństwo wcale nie jest takie bierne. Przecież w referendum europejskim wzięło udział ponad pięćdziesiąt osiem procent Polaków. Czyli zdecydowana większość, gdy przychodzi co do czego, chce zabierać głos, chce być słyszana, chce decydować. Nie byłbym taki pewien, czy większość. Błogosławieni ci, którzy wpadli na pomysł dwudniowego referendum, bo bez absolutnie nadzwyczajnej, bezprecedensowej mobilizacji frekwencja raczej na pewno byłaby poniżej pięćdziesięciu procent. Co powiedziałby o nas ten wynik? Nie będzie już przecież raczej za naszego życia drugiej kampanii, gdy po jednej stronie są Papież, prezydent, premier, większość politycznych partii i niemal wszystkie media, niezależnie od formy własności i ideologicznych barw. Długie tygodnie powtarzania, że to moment historyczny, że podejmujemy decyzję na pokolenia – i do samego końca wielka nerwówka i strach przed kompromitacją. Krucho u nas z obywatelskim społeczeństwem. Wystarczy zresztą przyjrzeć się innym wyborom, w których frekwencja z rzadka tylko wznosi się powyżej pięćdziesięciu procent. W wyborach samorządowych było słabiutko, a przecież lata całe mówiono nam, że sprawy oddawane są w nasze ręce. Więcej nawet, wbrew początkowym oporom większości partii zdecydowano się na bezpośrednie wybory prezydentów, burmistrzów i wójtów, by zachęcić nas do głosowania na osoby, a nie na nielubiane partie. Specjalnie nas nie zachęcono. A to dlatego, że dla większości władza, czy ta w Warszawie, czy ta niedaleko, w gminie, to abstrakcja, to coś dalekiego. To nie jest „nasza władza", to nie są „nasi przedstawiciele", to są „oni", tak w Sejmie, jak i w urzędzie. Może my nie chcemy wcale, by władza była w naszych rękach, bo jak będzie, to pozbawieni zostaniemy przyjemności pomstowania na władzę?

„Nie pytaj siebie, co kraj może zrobić dla ciebie, zapytaj się, co możesz zrobić dla kraju", powiedział w swym inauguracyjnym wystąpieniu młody amerykański prezydent John Kennedy, który swym idealizmem zaraził całe pokolenie. To zdanie z Polską zamiast Ameryki znalazło się nawet w *exposé* premiera Millera. Wyglądało na sztucznie wciśnięte do surowego tekstu. Ale warto zatrzymać się nad tym zdaniem, bo zawiera ono pewien test, któremu profilaktycznie powinniśmy się poddawać. Ile razy pytamy siebie, co możemy zrobić dla Polski? Czy w ogóle zadajemy sobie to pytanie? Czy może jedynie narzekamy, że ta Polska wciąż nie robi dla nas tyle, ile powinna? Znamy odpowiedź. Wiemy przecież, ile tak naprawdę dajemy z siebie, ile tak naprawdę jest w nas solidarności, ile jest w nas poczucia wspólnoty

i odpowiedzialności za to, co NASZE. Łatwo się rozgrzeszamy, bo przecież „robimy swoje". Robimy, ale to
za mało.

DLACZEGO SPOŁECZEŃSTWO OBYWATELSKIE JEST WAŻNE?

Znaczeniem społeczeństwa obywatelskiego, tak jak znaczeniem moralności, filozofowie zajmowali się nie od
stuleci, ale od tysiącleci. Już Platon uważał, że w demokracji obywatelstwo jest to udział w rządzeniu. Dziś
powiedzielibyśmy – udział w rządzeniu niekoniecznie
tylko przez akt głosowania, ale również przez korzys-
tanie z prawa do bycia wybranym. Obserwujący Amerykę Alexis de Tocqueville zauważył to, co miało być i było jej istotą, zauważył mianowicie, że jej kręgosłup stanowią ochotnicze organizacje. W praktyce przekonał
się więc, że rozpoczynające amerykańską konstytucję
„MY" nie było czczą deklaracją, ale żywą formułą, którą
miliony Amerykanów, jak powiedzieliby komunistyczni
aparatczycy, wypełniało żywą treścią. Benjamin Franklin
pisał o konieczności tworzenia bibliotek i je tworzono.
Milioner Andrew Carnegie, nieograniczający się najwyraźniej do kumulowania swego kapitału, sam założył
ich dwa i pół tysiąca.

Swoje obserwacje de Tocqueville poczynił w pierwszej
połowie dziewiętnastego wieku. A więc już wtedy musiało się w tym kraju dziać wiele rzeczy uzasadniających twierdzenie, że istotą życia w Ameryce jest duch
wspólnoty i współdziałania. Ta myśl była stałym motywem przewijającym się w pismach poświęconych Ameryce i powstałych w Ameryce. Michael Novak, Peter Ber-
ger i John Neuhaus przekonywali, że kapitalistyczna,
liberalna demokracja potrzebuje struktur pośrednich,
Kościoła, sąsiedztwa i całej masy dobrowolnych stowa-

rzyszeń. Te struktury są niezbędne, bo wzmacniają jednostkę w jej kontaktach z państwem. Lekarstwem na zdrowe społeczeństwo nie jest więc wcale skrajny indywidualizm, który tylko pozornie jest przeciwieństwem totalnej atomizacji. Leczeniem jest szukanie tego, co ludzi łączy.

Za „pierwszej" „Solidarności" w PZPR-ze powstawały niezależne od centrali „struktury poziome". Dziś w Polsce potrzebne są struktury poprzeczne. Niezliczona, nieogarniona, niemieszcząca się w jednym wzorze sieć struktur, organizacji, instytucji, kółek. Każda z nich i wszystkie razem nadadzą realny sens owemu „MY". Wagę obywatelskiego zaangażowania w sprawy całego społeczeństwa podkreślano i w katolickiej nauce społecznej. To Jan XXIII mówił, że godni miana obywateli są ci, którzy sami wnoszą wkład w poprawę swego losu.

Społeczeństwo obywatelskie musimy w Polsce stworzyć sami, bo nie ma co liczyć na „pomoc z góry". Choć, co wcale nie jest zaprzeczeniem istoty działalności obywatelskiej, w dziele budowy takiego społeczeństwa państwo mogłoby i powinno pomóc. Nie powinniśmy dziś na to w Polsce liczyć, ale wielu, choćby teoretyk polityki Leo Strauss, przekonywało, że państwo ma do odegrania rolę w promowaniu „cnotliwego obywatelstwa". Demokrację trzeba pielęgnować, choć trudno nie zauważyć, że daje nam ona coraz gorszych posłów. Tyle że winna temu jest nie demokracja, ale właśnie słabość Polski obywatelskiej. Słabość społeczeństwa obywatelskiego aż bije po oczach, gdy porówna się ją z siłą obywatelskich społeczeństw w innych krajach. Mamy w Polsce dwadzieścia, może czterdzieści tysięcy organizacji pozarządowych. Choć, według niektórych, takich prawdziwych to mamy pięć tysięcy. Ale niechby i czterdzieści tysięcy. Cóż to jest w porównaniu z Hiszpanią, która ma ich sto pięćdziesiąt tysięcy, z małą Finlandią, która ma ich sto tysięcy, Wielką Brytanią, gdzie jest ich sto osiemdziesiąt tysięcy, i ośmiomilionową Szwecją, gdzie takich organizacji jest pięć, a może i dziesięć razy więcej niż w Polsce – dwieście tysięcy. W Polsce tylko trzydzieści pięć procent ludzi deklaruje przynależność do dobrowolnych stowarzyszeń. Do jakiegokolwiek stowarzyszenia należy tylko siedem procent osiemnasto, dwudziestolatków. Oznacza to, że ludzie wchodzą u nas w dorosłe życie bez obywatelskiego treningu. Jesteśmy albo w domu, albo w autobusie czy w samochodzie, albo w zakładzie pracy. W Polsce obywatelskiej będziemy wtedy, gdy samochodem albo autobusem pojedziemy na spotkanie organizacji, kółka czy stowarzyszenia. Gdy nie tylko będziemy głosować w wyborach, ale pomożemy jakoś kandydatowi, który nam się podoba. A najlepiej, gdy sami w nich wystartujemy, niezależnie od tego, czy są to wybory rady osiedla, czy wybory do Sejmu.

Z różnych badań wynika, że ludzie wierzący i praktykujący zdają w Polsce egzamin z obywatelskości powyżej przeciętnej. Ale lepiej, nie znaczy dobrze. Wystarczy powiedzieć, że tylko jakieś siedem procent wierzących działa w jakiejś organizacji czy ruchu. W Ameryce taką działalność prowadzi co drugi ochrzczony. Z badań wynika, że siedemdziesiąt pięć milionów Amerykanów należy przynajmniej do jednej małej organizacji, która spotyka się regularnie. Ludzie mają autentyczne poczucie przynależności do wspólnoty. Naprawdę sobie pomagają. Amerykanie funkcjonują w tylu organizacjach, zgromadzeniach i stowarzyszeniach, że rodzice i dzieci mają trudności, by choćby raz dziennie zasiąść przy wspólnym stole. Dzieci chodzą na tyle zajęć pozalekcyjnych, że wielkim problemem logistycznym jest rozwieźć je, a potem przywieźć. Zadanie jest tak skomplikowane, że powszechnie mówi się już o „soccer mom", matkach, które wożą synów albo córki na niezliczone zajęcia, treningi piłki nożnej (*soccer*) i tysiąca innych rzeczy. Jasne, u nas matki nie mogą być „*soccer*", bo często muszą pracować od rana do nocy, by związać koniec z końcem. Nie mogą rozwozić i przywozić dzieci, bo skąd wziąć samochód. Ale czy naprawdę nic nie da się zrobić? Są piłkarze, którzy po zakończeniu kariery nic nie robią. Są i tacy jak Roman Kosecki, którzy spotykają się z kilkuletnimi chłopcami, by grać z nimi w piłkę. Organizują młodym ludziom drużyny i czas. Są kobiety i mężczyźni, którzy w wolnym czasie zajęci są wyłącznie sobą, ale są i tacy, którzy w tym wolnym czasie potrafią coś zrobić dla innych. Są malkontenci, którym generalnie się nie chce, ale jest i Irena Koźmińska organizująca akcję „Cała Polska czyta dzieciom". Mam wyrzuty sumienia, że wspominam tylko o dwóch osobach, bo takich ludzi robiących u nas pożyteczne rzeczy jest cała masa. Zbyt wielu jest tych, którym się chce, i dowodów na to, że jak się chce, to się udaje, by dać sobie alibi na nicnierobienie. Zbyt wielu robi swoje i dużo, dużo więcej, by czasem nie odczuwać choćby wstydu, że robi się tylko swoje. Sam łapię się na tym, że wielokrotnie mówiłem z dumą, iż należałem tylko do harcerstwa, przez chwilę, i do AZS-u. Piętnaście lat temu to mogło mieć jakąś wartość, bo oznaczało dystansowanie się od tego, co oficjalne. Ale dzisiaj? Żaden powód do dumy.

TO IDZIE MŁODOŚĆ

A co z naszą młodzieżą? Kiedyś to ona organizowała powstania, to ona brała udział w rewolucjach, to ona zapisywała się do „Solidarności" i NZS-u. To ona miała poczucie odpowiedzialności za przyszłość i za Polskę. To ona powinna mieć dziś poczucie, że nadchodzi jej czas. To ona powinna brać sprawy w swoje ręce. Gdy zawalił się PRL, powszechnie mówiono, że ci, którzy spędzili w nim całe życie, nowego świata nie zbudują, ale ich dzieci, owszem. Wygląda jednak na to, że dzieci w oczach i we krwi mają świat rodziców. Z badań wynika, że według polskiej młodzieży prawdziwe życie to życie rodzinne. Ale w przypadku młodzieży, tak jak w przypadku dorosłych, rodzina i krąg najbliższych znajomych to często cały świat. I to nie w sensie metaforycznym – kocham cię tak, że jesteś całym moim światem. Nie. Tak dosłownie: całym światem. Nie ma w nim miejsca na inne typy więzi. Obywatelskie zaangażowanie w coś większego niż ja i moja rodzina tu nie występuje. Patrzę na przyjaciół i znajomych i widzę, że polska rodzina naprawdę ma się nieźle. Ale patrzę na moje osiedle i widzę, że ze strukturami ponadrodzinnymi u nas krucho. Od tylu lat słyszę, że nasza spółdzielnia jest do niczego i że trzeba założyć WSPÓLNOTĘ MIESZKAŃCÓW. Coś ta wspólnota nie może powstać. Mieszkańców ci dostatek. Wiadomo, czego brakuje.

Trudno się dziwić, że młodzież nie ma ochoty angażować się w sprawy państwa. Z sondaży wynika, że państwo to nie jest coś, co większość młodzieży uznaje za naszą wspólną wartość. To coś dalekiego, a bliskiego o tyle, że powinno pomóc w rozwiązaniu bliskich nam problemów. Najlepiej po prostu te problemy rozwiązać. Młodzi Polacy, jak ich rodzice, uważają, że praca powinna być niezagrożona, a pewne zarobki powinny gwarantować utrzymanie siebie i rodziny. Pewnie, że powinna i powinny, ale w realnym świecie nie są. Są jedynie w świecie socjalistycznej ułudy. Kiedyś KC PZPR na swoim plenum zajmował się problemami młodzieży, której część czekała na te rozwiązania. Dziś obok milionów młodych ludzi z wysiłkiem próbujących ruszyć z posad bryłę świata albo przynajmniej (aż) swoje życie, są też miliony biernych, oczekujących, że państwo włączy się w rozwiązywanie ich problemów. Najwyraźniej opowieści o ubezwłasnowolniającej i upokarzającej opiekuńczości państwa z czasów PRL-u nie wszystkich młodych ludzi odrzuciły. Może wielu tych opowieści nie słyszało. Widzę na co dzień w pracy setki młodych ludzi, którzy ciężko pracują, biją się o swoje, mają plany i ambicje. Ale nie jest to ogólnonarodowy standard. Bardzo wielu bardzo kusi, by model PRL-owskiego opiekuńczego państwa powielić. Jest charakterystyczne, że w skali oczekiwań młodzieży z różnych krajów, jeśli idzie o odpowiedzialność państwa za sytuację socjalną, polska młodzież wyprzedza młodzież ze wszystkich innych rozwiniętych państw.

Ciekawe, że w innym międzynarodowym rankingu polska młodzież zajęła pierwsze miejsce pod względem wiedzy obywatelskiej. Młodzi ludzie znają instytucje i wiedzą, czemu one służą. Są rzeczywiście nieźli. Co do teorii. Bo z praktyką jest inaczej. W rankingu umiejętności obywatelskich młodzi Polacy wypadają już znacznie gorzej. Wypadają gorzej, bo umiejętności nabywa się drogą ćwiczeń, a u nas tych obywatelskich ćwiczeń jest niewiele. Obywatelskich nawyków nie budują ani MTV, ani pismo „Bravo", ani festiwal Woodstock, ani czatowanie na forum internetowym, gdzie można dać upust swojej wściekłości, dokładając komu popadnie. Młodzież rzadko czegoś chce dokonać, rzadko się organizuje, rzadko występuje w jakiejś sprawie, rzadko pomaga innym, rzadko interesuje się polityką, rzadko zapisuje się do partii, organizacji i stowarzyszeń. Ten odwrót od życia wspólnoty i społeczeństwa jest już tak głęboki, że socjologowie mówią nawet o „odobywatelnieniu" polskiej młodzieży. Z tego punktu widzenia nie jest na przykład istotne, czy polska młodzież była za wojną w Iraku, czy przeciw wojnie. Istotniejsze jest, czy wojna w ogóle była dla niej istotna, a jeśli tak, to czy znajdowało to jakiekolwiek uzewnętrznienie, choćby w formie antywojennych demonstracji. Protesty w „niesłusznej" sprawie są lepsze niż brak zainteresowania sprawą. Mówię „polska młodzież", a przecież wśród tych młodych ludzi są wielkie różnice. O ile wiedza obywatelska i zaangażowanie obywatelskie młodzieży uczącej się w liceach ogólnokształcących są jeszcze jakie takie, to w przypadku młodzieży uczącej się w szkołach zawodowych i z wiedzą, i z praktyką obywatelską jest bardzo niedobrze. Młodzi Skandynawowie mają tym większą obywatelską wiedzę i tym większe obywatelskie umiejętności, im bliżsi są osiągnięcia dojrzałego wieku i pełni praw politycznych. U nas – i to dopiero jest zatrważające – im dalej, tym gorzej. Im młodzi ludzie są mniej młodzi, tym mniej im się chce, w tym większe popadają zniechęcenie.

Są coraz bardziej dojrzali psychicznie i coraz mniej dojrzali społecznie. Lada moment będą matkami i ojcami, a jako obywatele mają jeszcze w buziach smoczki.

Dzieje się coś złego, jeśli jedna trzecia młodych Polaków mówi, że nie ma dla niej znaczenia, czy rząd w Polsce jest demokratyczny, czy nie, gdy szesnaście procent mówi, że czasem rządy mniej demokratyczne bywają bardziej skuteczne niż niedemokratyczne. To skądinąd prawda. Tyle że owej konstatacji nie towarzyszy u ogromnej większości konstatujących myśl w rodzaju: demokracja czy nie, niech państwo i rząd się od nas odczepią i pozwolą nam zarabiać pieniądze, rozwijać się i inwestować. Raczej sąsiaduje z nią życzenie: niech przyjdzie twardy człowiek, weźmie wszystkich za twarz i wtedy państwo da nam to, co nam się od państwa należy. Mamy do tego w Polsce dramatyczny spadek zaufania młodzieży do organizacji politycznych. Tak bardzo w tak krótkim okresie spadło ono tylko w Chile. Jasne, ten spadek jest uzasadniony, bo organizacje polityczne jakie są, każdy widzi. Ale nie towarzyszy temu myśl: to, co jest, nas nie satysfakcjonuje, zróbmy coś swojego, raczej: to wszystko syf, zajmijmy się swoimi sprawami. I tu pojawia się owo „róbmy swoje", normalnie symbolizujące zaradność, jednak w tym wypadku – brak zainteresowania tym, co nie dotyczy mnie i mojego portfela, tu i teraz.

Polską klasę polityczną odrzuca pięćdziesiąt pięć – sześćdziesiąt procent młodych ludzi. A brak zainteresowania polityką jest u naszej młodzieży tak duży, że mówi się już o jej politycznym uśpieniu. Ciekawe, jak silne są środki nasenne? Młodzież jest uśpiona i choćby statystycznie ma w związku z tym mniejszy wpływ na to, co się w Polsce dzieje. W 2001 roku w wyborach do parlamentu wzięło udział czterdzieści procent dwudziesto- i trzydziestolatków, czterdzieści pięć procent czterdziestolatków i ponad pięćdziesiąt procent pięćdziesięciolatków oraz starszych. Na Zachodzie ludzie starsi, emeryci i renciści też zawsze stanowią najbardziej zmobilizowaną część elektoratu. Ich mobilizacja nie jest więc problemem. Problemem jest demobilizacja młodych. Odwrotnie proporcjonalne do spadającej aktywności obywatelskiej młodych Polaków jest ich oczekiwanie, że aktywność w rozwiązywaniu ich problemów wykaże państwo. Mamy tu znaną już regułę: państwo, które jest bardzo dalekie, gdy trzeba mu coś z siebie dać, staje się całkiem bliskie, gdy czegoś się od niego oczekuje. Polska młodzież jest prosocjalna i wyobraża sobie dość egalitarny ład gospodarczy. Młodzież jest na szczęście odrobinę mniej roszczeniowa i bardziej proliberalna niż pokolenie rodziców. Niestety, tylko odrobinę. Proliberalne jest nastawienie piętnastu procent wszystkich Polaków i dwudziestu procent młodzieży w wieku od dwudziestu do dwudziestu dziewięciu lat oraz dwudziestu czterech procent w wieku od piętnastu do dziewiętnastu lat. Socjalistyczne poglądy i skłonności ma czterdzieści procent dorosłych i trzydzieści dwa procent młodych Polaków. Sytuacja się poprawia, ale wolno. Zbyt wolno. Kto ma zmienić niepodobającą się większości sytuację? Jak przekonać młodzież, że to jest już nasze państwo? Co zrobić, by młodzi zrozumieli, że wszystko zależy od nich? W dokumentach Unii Europejskiej zaleca się, by u młodych ludzi podsycać przedsiębiorczość, by wzmacniać ich wiarę we własne siły. Pewnie, trzeba to robić. Ale gdzieś na końcu wszystko i tak będzie zależało od nich samych. Wziąć się za bary z życiem czy stać z boku? Zmieniać świat czy narzekać? Chciałoby się powiedzieć: „Razem, młodzi przyjaciele", ale to chyba nie brzmi *cool*. Kiedyś *cool* nie był pozytywizm. Teraz nawet romantyzm.

CO ROBIĆ?

Pomysłów na to, jak ruszyć z posad bryłę świata, a choćby jak pomóc sobie i innym, jest wiele. Można skorzystać i często już się korzysta z pomysłów, na które wpadli inni. Kilka z brzegu. Na przykład świetny pomysł organizacji Habitat for Humanity. Sprawdza ona ludzi i weryfikuje, którym rzeczywiście warto pomóc, bo naprawdę chcą oni pomóc sami sobie. Wybrani przechodzą dwudziestoczterogodzinny kurs, na którym uczą się, jak zostać właścicielem domu. Rodzina wybranej osoby musi następnie „zainwestować" sto godzin swojego czasu w budowanie czyjegoś domu. Następny etap to inwestycja jeszcze większa, ale w coś swojego – trzysta godzin poświęconych na budowę własnego domu. Po tych czterystu dwudziestu czterech godzinach Habitat for Humanity sprzedaje dom wart, dajmy na to, sto tysięcy za pięćdziesiąt tysięcy. Jedno ale. Jeśli ktoś, kto taki dom za obniżoną cenę kupi, będzie chciał go sprzedać, będzie musiał zapłacić drugie pół ceny.

Albo inny pomysł. Wiadomo, że obywatelskie zaangażowanie ludzi jest najmniejsze w miejscach zmarginalizowanych przez społeczne przemiany. W takich wypadkach potrzebna jest pomoc z zewnątrz. Dzięki niej lokalne środowiska mogą się odrodzić. Na przykład w Japonii i w Ameryce funkcjonuje instytucja *service credit*. Ochotnicy, pracujący charytatywnie, są „opłacani" godzinami pracy innych na rzecz ich samych. System komputerowy rejestruje „pracodoby" zarobione i „wydane". Każdy ma własny rachunek. „Pracodoby" są nieopodatkowane i można je gromadzić, „płacąc" nimi na przykład za usługi medyczne.

W Ameryce od kilku lat organizowany jest Narodowy Dzień Rodzinnego Wolontariatu. Pomagają w tym przedsięwzięciu lokalne organizacje i firmy z pierwszej setki na liście magazynu „Fortune". Cel – dzieci razem ze swoimi rodzicami, dziadkami, ciociami i wujkami mają coś zrobić dla swej wspólnoty. To nie sposób na poprawienie sobie samopoczucia, ale próba zaangażowania młodych ludzi w robienie czegoś sensownego dla innych i dla siebie. To próba uświadomienia im, że aby życie miało wartość, musi iść w nim o coś więcej niż tylko o „ja", „mi", „dla mnie". Wszyscy bardzo cenimy dni i godziny spędzone z dziećmi. Pracujemy dużo, a wolnego czasu mamy mało. Każda chwila jest droga. Ale nie bylibyśmy w żaden sposób zubożeni, gdybyśmy, nie tracąc ani na moment kontaktu z dziećmi, kilka z tych chwil poświęcili na zrobienie czegoś sensownego. Taki dzień wspólnej pracy nie tylko dla siebie miałby wielki wpływ na umysły dzieci. Byłby dla nich i dla nas wszystkich źródłem satysfakcji. A być może dla paru innych osób źródłem zazdrości, która kazałaby im rok później przyłączyć się do nas. Czyny partyjne miały w sobie element przymusu, ale sąsiedzki, obywatelski czyn na rzecz osiedla czy dzielnicy przyniósłby błogosławiony efekt – wszystkim i każdemu z osobna. Przyniósłby też doskonały efekt integracyjny. Nikt nikomu z nas nie przeszkadza, by wspólnie z sąsiadami taki dzień czynu zorganizować. Nie ma w Polsce osiedla i podwórka, na którym nie byłoby nic do zrobienia. W takim dniu odbywałoby się najbardziej realne pasowanie ludzi na obywateli, bo obywatelem można zostać i przy pomocy kartki do głosowania, i przy pomocy miotły albo grabi. A jak jeszcze pod wieczór zorganizowano by wspólne ognisko, to już w ogóle byłoby fantastycznie.

CO MUSIMY ZROBIĆ?

Zbudowanie obywatelskiej Polski to nasze wielkie wspólne zadanie. Można ją budować od dziś, od jutra. Nikt nam w tym nie może przeszkodzić. Nie trzeba do tego wielkich pieniędzy, własnej partii politycznej, wielkiej organizacji i wielkiego zadęcia. Wystarczy, w punkcie wyjścia, odrobina dobrej woli, by zrobić coś, tu, obok, dla nas i dla naszych sąsiadów. Bez zbudowania obywatelskiej Polski nasza demokracja zawsze będzie koślawa. Bez poczucia obywatelskości odczuwanego przez większość Polaków nie będzie u nas zdrowego społeczeństwa. Wiedział o tym już sto czterdzieści lat temu Norwid, gdy w liście do Michaliny z Dziekońskich Zaleskiej pisał: „Oto społeczność polska! Społeczność narodu, któ- ry nie zaprzeczam, iż o ile jako patriotyzm wielki jest, o tyle jako społeczeństwo jest żaden. Wszystko, co patriotyzmu i historycznego dotyczy uczucia, tak wielkie i wielmożne jest w narodzie tym, że kapelusz zdejmam przed ulicznikiem warszawskim – ale wszystko to, czego nie od patriotyzmu, czego nie od narodowego, ale czego od społecznego uczucia wymaga się, to jest tak początkujące, małe i prawie nikczemne, że strach wspomnieć o tym. (...) Jesteśmy żadnym społeczeństwem. Jesteśmy wielkim sztandarem narodowym. (...) Polska jest ostatnie na głobie społeczeństwo, a pierwszy na planecie naród". Gorzkie. I w dużym stopniu do dziś prawdziwe. Ale obywatelski trening daje efekt. Wystarczy spojrzeć na efekt obywatelskiego treningu z dwudziestolecia międzywojennego. Profesor Tomasz Strzembosz właśnie temu treningowi przypisuje pojawienie się w latach 1939 i 1940 całej masy organizacji konspiracyjnych powstających i występujących w imieniu i w imię państwa polskiego. Te organizacje bardzo często tworzyli ludzie, których trudno byłoby o to podejrzewać – leśnicy, aptekarze, inżynierowie – „zwykli ludzie". Czynili tak, bo mieli poczucie, że trzeba się bronić, że państwo, nawet w czasie okupacji, jest ich, że państwo stanowi dla nich zobowiązanie.

To, że obywatelski trening zawsze przynosi efekty, jest nawet dowiedzione naukowo. Gertrude Himmelfarb w *Demoralizacji społeczeństwa* argumentuje, że wartość ludzi zależy w dużym stopniu od sygnałów i przesłania, jakich dostarcza im kultura. Dowodzi ona też, że dzięki odpowiednim sygnałom wartości i zachowania mogą się szybko zmienić. Krótko mówiąc, szybko może być dużo lepiej, niż jest, tylko trzeba o tym mówić, podpowiadać, co robić, i chwalić pracę wykonywaną przez tych, którzy już zabrali się do roboty. Mogą to robić politycy, socjologowie, dziennikarze, księża. Każdy.

Bardzo dużo złego napisałem już powyżej o polskiej polityce i naszych politykach. Aż się boję, czy nie za dużo. Bo przecież skoro mamy budować obywatelskie społeczeństwo, to w którymś momencie musimy też odbudować zaufanie ludzi do świata polityki. Niechęć, a nawet odraza do polityki i wielu polityków są może często uzasadnione przez to, co się w tej polityce dzieje, i przez to, jak niektórzy politycy się zachowują. Patrzenie z góry na urzędy i urzędników jest może czasem uzasadnione, gdy widzi się niesprawny urząd i słyszy się o skorumpowanym urzędniku. Ale w którymś momencie świat polityki musi przestać być dla nas światem dalekim, odległą, znienawidzoną albo pogardzaną planetą. Czy nam się podoba, czy nie, to, co dzieje się w polityce, wpływa na nasz los i na los naszych dzieci, urodzonych i tych jeszcze nieurodzonych. Musimy w którymś momencie nie tylko odbudować więź między społeczeństwem a światem polityki, ale – to byłoby idealne – zbudować przekonanie, że kariera publiczna jest karierą szlachetną. Kiedyś nadejdzie przecież czas, jak Bóg da to jeszcze za naszego życia, że do polityki będzie się szło nie po to, by – jak dziś wielu – nakraść i ustawić siebie i innych, ale by – jak nawet dziś wielu – służyć innym i zasłużyć tym samym, jeśli nie na honor i wdzięczność, to w każdym razie na szacunek. U nas niemało ludzi wyobraża sobie swe dzieci w roli prezydentów czy premierów, ale wolałoby, gdyby owe dzieci po drodze nie były politykami. Tak się nie da.

Być może dojdziemy do punktu, w którym słowo „służba" nie będzie się kojarzyło wyłącznie z wojskiem, słowo „awans" – z rozgrywkami ligowymi, a słowo „publiczna" – z toaletą. Jak mówił w swoim czasie uwielbiany przez Johna Kennedy'ego Lord Tweedsmuir: „Życie publiczne jest ukoronowaniem kariery, a dla niektórych ludzi powinno być największą ambicją. Polityka jest największym i najbardziej honorowym przedsięwzięciem". Całkiem podobnie ujęto to w dokumentach Soboru Watykańskiego II: „Polityka to sztuka trudna i wielce szlachetna". Prawda, że w naszych uszach brzmią te słowa średnio wiarygodnie. Ale może kiedyś będą się wydawały jak najbardziej naturalne. By tak było, musimy być społeczeństwem obywatelskim i w sensie tego poczucia obywatelskości – jednością. Bo tak jak kapitalizm daje efekt polaryzujący, tak poczucie obywatelstwa daje efekt integrujący.

Dziś nikt z nas nie musi być Piłsudskim czy Trauguttem ani nawet Bujakiem czy Frasyniukiem. Potrzebujemy dziś w Polsce determinacji i konsekwencji milionów uczniów, lekarzy, inżynierów, dziennikarzy, prawników, nauczycieli, księży i urzędników. Każdego i wszystkich, którzy naszej wspólnocie mogą podarować choćby odrobinę talentu i pracy. Klucz do budowy wolnego, obywatelskiego społeczeństwa to inspirowanie pracy na rzecz innych, pobudzanie odwagi, popieranie bezinteresowności. Nikt nie musi dziś być bohaterem, ale każdy musi mieć w sobie odrobinę poczucia obywatelstwa. Zbyt wielu ludzi w Polsce właśnie teraz realizuje ten program, by wątpić w to, że może być to program realizowany przez większość.

Róbmy swoje? To mało. Wielkość, jak powiedział kiedyś Churchill, to zrobić tyle, co wszyscy, i jeszcze trochę. Przeciętność dziś nie wystarczy, jak mówił Kennedy, potrzebujemy tego, co najlepsze, od wszystkich, a nie tylko od niektórych. Uważają Państwo, że to niemożliwe, mało prawdopodobne? Z całym szacunkiem, pozwolę sobie się nie zgodzić.

DWIE POLSKI

Polska A Polsce B każe się całować w D.

Stanisław Jerzy Lec

A UCIEKA B

Szybko to poszło. Kilkanaście lat i mamy dwie Polski. Bardzo pouczająca jest podróż w Zachodniopomorskie czy moje Lubuskie. W wielu miejscach popegeerowska Arizona. Brak jakichkolwiek perspektyw. Degradacja, a często i demoralizacja. Zresztą drogi kiepskie, a wcale nie trzeba jechać tak daleko od Warszawy. W takim Konstancinie piszcząca bieda sąsiaduje z wielkim bogactwem. Sąsiedztwo jest oczywiście pozorne. W tym samym typie co sąsiedztwo zachodniego i wschodniego Berlina. Na mapie są obok siebie, a w rzeczywistości to oddzielone wysokim murem różne światy. Wielkie bogactwo i wielka bieda, wielki świat i świat beznadziei. Po latach równości i egalitaryzmu wszystko pewnie musiało pójść w tę stronę, ale poszło trochę za daleko. Gdy byłem w Waszyngtonie, myślałem sobie, że pokonanie dystansu z Zielonej Góry do Warszawy było znacznie bardziej skomplikowane niż pokonanie dystansu z Warszawy do amerykańskiej stolicy. Dziś mam wrażenie, że z Warszawy do Waszyngtonu jest znacznie bliżej niż dziesięć lat temu, ale z Zielonej Góry do Warszawy dzisiejszemu osiemnastolatkowi jest znacznie dalej niż w czasach, gdy sam ruszałem na jej podbój.

Mamy dwie Polski. Skrajny liberał powiedziałby pewnie, że mamy Polskę ludzi przedsiębiorczych, szukających szansy, ryzykujących, gotowych stanąć do walki, i Polskę leniwą i bierną, przyzwyczajoną do bylejakości i bylejakość akceptującą. Taki podział istnieje, ale pozostawia gdzieś z boku cały środek, czyli ogromną większość. Prawdziwa linia podziału przebiega bowiem gdzie indziej. Jedni mieszkają w Polsce, w której się dobrze czują, w której się odnaleźli, w której są u siebie. Inni są w Polsce, w której jest strach i bezradność, jest poczucie wyobcowania. W każdym kraju i w każdym społeczeństwie są ci, którym się udało, i ci, którym się nie udało, ci, którzy mają, i ci, którzy nie mają. Ale w Polsce zgubiły się gdzieś proporcje. Zbyt wielu jest u nas ludzi, którzy mają poczucie, że Polska nie jest ich, że Polska ich zostawiła z tyłu, że Polska się nimi nie interesuje, że ich nadzieje przepadły, że pociąg z napisem „dostatek" odjechał i że nigdy go nie dogonią. Dominującym odczuciem milionów ludzi w naszym kraju jest poczucie beznadziei, jest uświadomione przekonanie albo podświadome uczucie, że Polska A pożegnała się z Polską B na dobre. W efekcie mamy morze frustracji i setki tysięcy zdolnych młodych ludzi, którzy nigdy nie dostaną od życia szansy, na którą zasługują. Punkty za pochodzenie? Nie, to już było, ale przydałby się nam jakiś nowy system redystrybucji szans. Bo bez niego jeśli nawet nie będzie u nas rewolucji, to będzie Ameryka Łacińska, i to w jej najgorszym wydaniu.

  Niezłą mamy w Polsce nierówność jak na chłopsko-proletariacki jeszcze niedawno kraj i wiejskie korzenie większości ludzi. Teoretycznie można by się tym nie przejmować. Podobno wystarczy dwadzieścia procent zdolnej do pracy populacji, by trwał rozmach gospodarki światowej. Być może taka sama prawidłowość istnieje na poziomie każdego kraju. Ale wejściem w prawdziwą pułapkę byłoby uznanie, że skoro tak, to rzeczywiście – postawmy na te dwadzieścia procent. A reszta? Trudno, nie potrzeba nam pechowców. Jest coś chorego w tym, że w Polsce setkom tysięcy dzieci nigdy nie przyjdzie nawet do głowy, że mogłyby być lekarzami, prawnikami czy inżynierami. Jest coś szalenie niepokojącego w tym, że stale rośnie u nas liczba samobójstw, będąca dobrym wskaźnikiem dezintegracji społecznej. Nie przez przypadek szczególnie szybko rośnie ona na wsiach i w małych miasteczkach. Na Zachodzie uznaje się, że skoro równość szans nie daje równości rezultatów, tę równość „na wyjściu" trzeba osiągać trochę sztucznymi metodami. U nas w ogóle nie dochodzimy do tego punktu, bo żadnej równości szans nie ma.

Jakiś czas temu widziałem w telewizji dyskusję młodzieży o Michale Wiśniewskim. Dyskusja była interesująca nie dlatego, że młodzi ludzie mieli na temat Wiśniewskiego różne zdania. Najciekawsze było to, jak te opinie formułowali. Przeciwnicy Wiśniewskiego, wyglądający jak młodzież z dobrych domów i z dobrych liceów, kompletnie nie rozumieli się z jego zwolennikami, wyglądającymi jak młodzież z dobrych, ale już nie inteligenckich domów i ze zdecydowanie gorszych liceów. Inne były słowa, inny był rodzaj argumentacji, inny był sposób artykułowania poglądów. Te dwie grupy nigdy nie mogłyby się porozumieć, nawet gdyby miały wolę kompromisu. Nie mogłyby, bo mówią różnymi językami. Do tego mają jakby inne dekodery, inaczej odczytujące sygnały z otoczenia. Byłem zdumiony. Podkreślam, byli to młodzi ludzi z jednego miasta, z dobrych domów. I mimo to dzieliła ich przepaść. A przecież w Polsce są różne miasta (i mniej różne wsie) i naprawdę różne szkoły. Czasem jest między nimi nie spora różnica, ale wielka przepaść. Z różnych badań (szczegóły później) wynika, że podziały między grupami młodzieży są w Polsce bardziej latynoamerykańskie niż zachodnioeuropejskie.

Skąd się biorą tak szalone różnice? W zasadzie to banalnie proste. Nie może być inaczej w kraju, gdzie samo czytanie gazet umieszcza czytającego w górnej jednej piątej społeczeństwa (tu też te dwadzieścia procent). W kraju, w którym, jak wynika z raportów OECD, ogromna większość nauczycieli nie chodzi ani do kina, ani do teatru. Do dziś jestem wdzięczny rodzicom, że w „zakresie obowiązków" miałem czytanie „Polityki" i miesięcznika „Zdanie" oraz słuchanie „Wolnej Europy", że mogłem oglądać *Kobrę*, ale musiałem oglądać nadawanego po niej *Pegaza*, że brali mnie na *Człowieka z marmuru* i *Barwy ochronne*, że pozwolono mi pokochać Beethovena i Mozarta. Szalenie mi to ten dystans do Warszawy skróciło. A że jeszcze chodziłem do naprawdę niezłego ogólniaka, start miałem niezły. Dziś młody człowiek ze średniego albo małego ośrodka, który do takiej dobrej szkoły nie trafia i którego rodzice nie podejmują stałego wysiłku, statystycznie ma nieproporcjonalnie mniejsze szanse na życiowy skok niż jego rówieśnik z większego miasta i z lepszej szkoły, mający do tego rodziców, którzy pewne rzeczy wbijają mu do głowy.

Z różnych sondaży wynika, że mamy w Polsce dwadzieścia procent prawdziwych beneficjentów zmian, jakie zaszły po 1989 roku, i około czterdziestu procent ludzi, którzy mają poczucie przegranej. Poczucie porażki ma czterech na każdych dziesięciu Polaków. Jest to zatrważający fakt o wielkim społecznym znaczeniu. Trzeba naprawdę dużej wewnętrznej siły, by z takim poczuciem żyć, by się nie poddać, by nie oddać się wspomnieniom o jakże błogiej PRL-owskiej przeszłości, by nie ulec łatwej pokusie zainwestowania swej sympatii w demagogów i szaleńców, by odrzucić myśl o kwestionowaniu całego demokratycznego porządku. Ale tak długo, jak długo margines biedy będzie nam wchodził niemal na połowę kartki, taka pokusa będzie bardzo silna.

Tak długo różni Lepperzy będą mogli liczyć na premię za demagogię. Tak długo miliony ludzi będą podatne na argumenty, że jak coś nam nie idzie, to przez Balcerowicza, Niemców, Żydów, zachłanny kler, Wall Street albo Brukselę. By tak nie było, potrzebne są w Polsce wielki wysiłek i wielka solidarność.

GEOGRAFIA I NIE TYLKO

Rodzi się coraz mniej Polaków, co jest całkiem niezłym potwierdzeniem pogarszającego się wskaźnika optymizmu. A co z tymi, co się rodzą? Mamy w Polsce prawdziwy determinizm geograficzny. Patrząc na statystki, trudno nie dojść do wniosku, że rodzący się w niektórych miejscach w Polsce naprawdę mają pecha. Z analiz Organizacji Narodów Zjednoczonych wynika, że już sam wymiar miasto – wieś przecina Polskę, tworząc dwie odrębne cywilizacje. A to nie wszystko. Polska nie była w czasach przodującego ustroju przecięta na pół jak Niemcy, ale Wisła jest u nas jak mały Mur Polski. Na „ścianie wschodniej" było zawsze biedniej niż w innych częściach kraju. Tak jest dalej i tak może pozostać. Mamy kilka szybko rozwijających się województw: mazowieckie, pomorskie, wielkopolskie czy dolnośląskie, i kilka dynamicznie rozwijających się miast: Warszawa, Gdańsk, Wrocław, Kraków, Poznań. Obok nich są województwa o przeciętnym poziomie rozwoju: łódzkie, małopolskie, kujawsko-pomorskie, zachodniopomorskie i lubuskie, oraz województwa, w których poziom rozwoju jest niski. Te ostatnie są w większości na wschodzie – warmińsko-mazurskie, podlaskie, lubelskie, podkarpackie, a także, będące w tej samej klasie rozgrywkowej – świętokrzyskie i opolskie. Nic nie wskazuje na to, że po wejściu Polski do Unii Europejskiej te podziały znikną. Przeciwnie, raczej się pogłębią. Już teraz wiadomo, że zyskają najsilniejsi

– znowu Warszawa, Poznań, Kraków, Wrocław i Trójmiasto. Popegeerowskie Pomorze Zachodnie, zachodnie województwa przygraniczne (opolskie, lubuskie, dolnośląskie) i Wschód, z jego niskotowarowym rolnictwem, zyskają niewiele albo stracą. Ci, co mają nieźle albo dobrze, będą mieli jeszcze lepiej. Tym, którzy mają pod górę, wspinaczka będzie przychodziła z jeszcze większym trudem.

MIEĆ I NIE MIEĆ

Geografia determinuje u nas bardzo wiele, ale nie wszystko. W poprzek Polski przebiega bowiem jeszcze wyraźniejszy podział Polaków: na tych, którzy mają, a za chwilę mogą mieć jeszcze więcej, i na tych, którzy nie mają i raczej mieć nie będą. Podział jest bardzo wyraźny, a w skali kraju powoduje, że wielkie masy ludzi są ofiarami tego, co na Zachodzie określa się jako *exclusion* – wyłączenie. Pojęcie *exclusion* przyszło do nas zza Odry, to nie jest polska specyfika, ale to, co się u nas dzieje, jest jego coraz lepszą ilustracją. W Polsce mamy do czynienia z dwoma typami wyłączenia. Tu najlepszym punktem obserwacyjnym jest Konstancin, nasze nieszczęsne Beverly Hills, miasto bardzo wysokich, solidnych murów i rzeczywiście bardzo Solid Security. Do konstancińskiej strefy A brakuje mi kilkuset metrów i paru milionów, ale przyznam szczerze, że większy dyskomfort niż ten dystans budzi we mnie to, co widzę całkiem niedaleko od naszego domu. Miałem szczęście i po wielu latach mieszkania kątem, a potem równie wielu latach spędzonych w maleńkiej kawalerce (jakimż ona była szczęściem po latach podnajmowania pokoików!) wylądowaliśmy z rodziną w domku z ogródkiem. Ale całkiem blisko nas jest dość biedy, by mieć wyrzuty sumienia, że się człowiekowi udało. Ktoś powie: hipokryzja. Jak cię tak dręczy sumienie, to oddaj dom. Nie, to nie hipokryzja, to poczucie, że nagroda jest u nas w zbyt dużym stopniu jak wygrany los na loterii, a nie pewna wygrana za uczciwość i pracę. Bo miliony pracują, i nic. A przepaść, między tymi, co los wygrali, a tymi, co mieli pecha, jest coraz większa.

Jak to jest z tym *exclusion*? Mamy w Polsce „symetryczne wyłączenie". Obejmujące z jednej strony tych na dole drabiny społecznej, odciętych od większości możliwości, jakie daje ludziom będącym w głównym nurcie społeczeństwa nawet nasza wykoślawiona gospodarka. Na górze drabiny społecznej mamy z kolei *exclusion* na własne życzenie. Grupa ludzi świadomie postanawia się odciąć od reszty społeczeństwa, a jeśli styka się z przedstawicielami tej reszty, to są to strażnicy, ogrodnicy i panie do sprzątania. Ta grupa żyje otoczona fortyfikacjami, wycofując się i z kontaktów z „resztą", i z systemu publicznej opieki zdrowotnej, i z systemu publicznej edukacji. Znowu, nie jest to zjawisko ponadnaturalne i niezwykle rzadko spotykane. Problem w tym, że występuje ono u nas na skalę zagrażającą społeczeństwu. Widuję w Konstancinie „zwykłych" ludzi podpatrujących zza płotu piękne wille, ale właścicieli willi w popularnej restauracji Zdrojowa i w parku koło tężni jakoś nigdy nie widziałem. Totalne wyłączenie na górze powoduje, że ludzi oddzielają od siebie bariery wyższe niż ogrodzenia domów bogaczy. Wyłączenie na dole i na górze powoduje, że łamana jest kardynalna zasada elementarnej solidarności społecznej, niezbędnej każdemu zdrowemu społeczeństwu. Bogaci i biedni są wszędzie, ale skutki dwustronnego wyłączenia nie zawsze są takie jak w Brazylii czy w RPA i takie, jakie za chwilę będziemy mieć w Polsce. Oba te procesy trzeba, jeśli nie odwracać, to powstrzymywać, bo społeczeństwo, w którym tego się nie robi, musi być chore.

W Polsce skala wyłączenia jest ogromna. Robotnicy mają według socjologów poczucie odrzucenia. Wielu rolników też. To odrzucenie jest często obiektywnym faktem, nawet jeśli zapomni się na moment o elemencie subiektywnym. Ludzie, którzy tyle dziesiątków lat słyszeli, że są klasą przodującą, muszą mieć poczucie ogromnej frustracji, gdy widzą, że to głównie oni zapłacili za „wielki skok". Dzieci sfrustrowanych robotników trafiają do zasadniczych szkół zawodowych. Szkoły te często produkują pracowników dla zakładów, które już nie istnieją albo przestaną istnieć, nieraz jeszcze zanim młody człowiek taką szkołę skończy. W efekcie setki tysięcy młodych ludzi z góry są pozbawione szans na życiowy awans. Mają oni wielkie szanse zasilić rzesze frustratów. I nie ma tu właściwie drogi odwrotu, skoro ludzie niemający określonych kwalifikacji mają pięciokrotnie mniejsze szanse na znalezienie pracy niż ci, którzy je mają. Nie lepiej, a czasem dużo gorzej jest na często rozpitej wsi z jej „mało rozwojową" mentalnością. Jej mieszkańcy, zwykle bez wykształcenia, bez przywódców, bez wyobrażenia, że można inaczej, lepiej, też stanowią wielki rezerwuar niezadowolenia i frustracji. Jest tak, bo często nie tylko nie są w stanie skorzystać ze zmian, ale nie są w stanie ich zaakceptować, a nawet zrozumieć.

I znowu. Tak, istnienie grupy określanej przez socjologów jako podklasa nie jest polską specyfiką. Ważne jest jednak, jak duża jest ta podklasa. Mają rację socjologowie, że podklasa jest integralną częścią społeczeństwa. Ale niech nas to broń Boże nie uspokaja. Spokój jest nie na miejscu, jeśli tylko zdać sobie sprawę z efektów istnienia podklasy i z rezultatów istnienia barier powstrzymujących lub wykluczających społeczny awans. Podklasa powoduje nie tylko frustrację, ale także przestępczość, upadek rodziny, społeczną dezintegrację. Mało tego w Polsce widzimy? Mali bandyci z domów, gdzie nikt nie pracuje i często pracy nie szuka. Piętnastoletnie dziewczyny zachodzące w ciążę, zanim zdążyły pójść do szkoły i nauczyć się czegoś, co pozwoli im utrzymać dzieci. Wychowywane przez podwórko dzieci alkoholików, które być może mogłyby zrobić wspaniałe kariery, gdyby ktoś kiedyś pokazał im inny świat. Można powiedzieć, że to nie system wyrzuca tych ludzi na margines, ale oni sami się wyrzucają. Cóż, z punktu widzenia skutków nie ma to wielkiego znaczenia. Istotą jest efekt – dziedziczenie biedy, bezradności i beznadziei. Naukowcy stwierdzili, że sześcio-, siedmioletnie żyjące w slumsach Rio de Janeiro dzieci tak bardzo przyjmują za własną subkulturę, w której wyrastają, że psychologicznie nie byłyby w stanie skorzystać z możliwości awansu, nawet gdyby one się pojawiły. Krótko mówiąc, jest tak źle, że nikt im już nie pomoże. Taki społeczny „korkociąg".

Czy Polska, biorąc pod uwagę skalę wyłączenia na dole, jest już albo za chwilę zostanie taką europejską Brazylią? Być może. W Brazylii młodzi biedacy mogą czasem wygrać złoty los na loterii, jeśli dostali od Boga talent do kopania piłki i ktoś kiedyś zauważy ich, gdy na plaży grają mecz. Ścieżki awansu muszą być jednak otwarte nie tylko dla Ronaldo, Ronaldinho i Rivaldo, tym bardziej że w Polsce nie ma plaż, na których grałoby się w piłkę przez cały rok.

A co z wyłączeniem na górze? Są tacy, którzy zakładają fundacje i pomagają innym, czasem robiąc to nawet dyskretnie i bez myśli o odpisach podatkowych. Są jednak i tacy, którym przez myśl nie przejdzie, że wygrali los na loterii i powinni odpłacić za to, dając innym szansę na wygranie takiego losu. Jak? Choćby płacąc podatki i nie kiwając fiskusa. Że podatki za wysokie? Tak, za wysokie. Że nie chce się płacić? Oczywiste. Ale mamy wszyscy jakieś powinności wobec innych. Alternatywą jest model mało pociągający. Jedni nie płacą podatków, bo państwo źle wydaje pochodzące z nich pieniądze, inni nie idą głosować, bo państwo im za mało daje, jedni i drudzy mają i siebie, i państwo w pogardzie. W rozwiniętych demokratycznych społeczeństwach ludzie bogaci akceptują filantropię i czynią z niej sposób funkcjonowania całej swojej klasy. Choćby przykłady z Ameryki z ostatnich kilku lat. Założyciel Domino's Pizza Thomas Monaghan dał pięćdziesiąt milionów dolarów na stworzenie rzymsko-katolickiej szkoły prawa. Inwestor Henry Tippie – trzydzieści milionów dolarów Uniwersytetowi Iowa. Producent filmowy Walter Kline – swoje warte dwadzieścia pięć milionów dolarów archiwa szkole sztuk pięknych w Północnej Karolinie. Bill Gates – dwadzieścia milionów dolarów na Massachusetts Institute of Technology. Podobnych przykładów i darczyńców są tysiące.

Tuż po wielkim przełomie chciwość i chęć zaspokojenia wszelkich związanych z posiadaniem potrzeb jest może naturalna. Ale dobrze byłoby, gdybyśmy powoli dochodzili do punktu, w którym weźmiemy głębszy oddech. Dobrze byłoby, gdyby pazerność i ostentacja w manifestowaniu bogactwa i przynależności do warstw lepszych słabły. Nadchodzi chyba powoli czas, gdy bogaci dojdą do wniosku, że mają już dość i dla siebie, i dla następnych dwudziestu pokoleń i mogą już poważnie, a nie tylko dla własnego dobrego *public relations*, pomyśleć o innych. Zresztą cóż w tym złego, jeśli nawet to próżność będzie źródłem dobra? W Ameryce już w czasach kapitalizmu pazernego i w czasach pierwszych naprawdę wielkich majątków bogacze chcieli zostawić po sobie coś więcej niż testamenty. Mellon fundował uniwersytet, Vanderbilt – też uniwersytet, Carnegie – nowojorską filharmonię i jeden z najlepszych amerykańskich uniwersytetów, Carnegie-Mellon w Pittsburgu. Wszystko to do dziś stoi i świetnie funkcjonuje. Spektakularne posunięcia i praca u podstaw. Pole do popisu jest w Polsce wielkie. Odrzutowy jet i posiadłość, pięć torebek Prady i jacht. Wszystko, także to, jest dla ludzi. Ale jeśli mamy być społeczeństwem, w którym ludzie połączeni są nie tylko miejscem urodzenia, każdy z nas, na dole i na górze, musi coś z siebie dać. Zwłaszcza ci na górze, bo tym na górze już się udało. Szczególnie gdy zdadzą sobie oni sprawę, że 250 złotych rocznie to dla wielu polskich dzieci bilet na pociąg albo autobus do trochę większego miasta, do trochę lepszej szkoły, czyli bilet do lepszego życia.

SZKOŁA ŻYCIA

Mój zielonogórski ogólniak imienia Dembowskiego, w latach osiemdziesiątych nazwany w którejś z warszawskich gazet zielonogórskim Harvardem, nadal jest bardzo dobry. Wiem, bo wciąż jest wysoko w różnych rankingach. Wysoko są w nich średnie szkoły z Radomia, Kielc i wielu innych trochę mniejszych i trochę większych ośrodków. Ale o stanie polskiej edukacji więcej mówią szkoły, których na takich listach nie ma. To byłaby dopiero lista. Imponująca byłaby tylko jej długość. W Polsce prawidłowość jest prosta – jaka szkoła, taka życiowa szansa. A że rozrzut między szkołami pod względem ich poziomu zdecydowanie odbiega od europejskich norm, zwykle młody człowiek albo dostaje naprawdę niezłą szansę, albo nie dostaje jej w ogóle. Jest tu trochę jak w filmie *Dawno temu w Ameryce*, gdzie gangsterzy na sali porodowej przenoszą dzieci do innych łóżeczek i śmieją się w poczuciu, że właśnie zdecydowali o ich przyszłości: „albo dostały los na loterii, albo dostaną w życiu w dupę". Proste.

Stan polskich szkół i polskiej edukacji świetnie pokazuje, ile nam się przez tych kilkanaście lat udało zrobić i jaki ogrom pracy jest przed nami. Tak wielu studentów i tak wielu absolwentów wyższych uczelni nie było w Polsce nigdy. Młodzi Polacy są lepiej wykształceni niż ich rodzice i dziadkowie, kończą lepsze szkoły i chcą się dalej uczyć. Nie ma wątpliwości, to najlepiej wykształcone pokolenie Polaków w historii. Wykształcenie wyższe ma już około dziesięciu procent Polaków, a w PRL-u było to siedem procent. Problem w tym, że w Finlandii, Szwecji, Wielkiej Brytanii czy Estonii jest to dwadzieścia pięć do trzydziestu pięciu procent, że wiele spośród naszych szkół wyższych jest na poziomie bardzo średnim, a wielu studentów nie uczy się na studiach niczego, co zwiększyłoby ich szanse na znalezienie pracy lub choćby zwiększyło ich potrzebę uczestnictwa w kulturze. Odsetek uczniów w liceach ogólnokształcących wzrósł z pięćdziesięciu procent w PRL-u do osiemdziesięciu procent. Liczba studentów rośnie, a jednocześnie odsetek osób z wyższym wykształceniem na wsi oscyluje wokół dwóch procent i szybko nie wzrośnie, bo są tam gorsze szkoły, a przede wszystkim mniejsze aspiracje. Tak czy owak widać jednak postęp. Z badań CBOS-u wynika, że uczniowie ostatnich klas szkół ponadpodstawowych w coraz jaśniejszych kolorach widzą swoje wykształcenie za dziesięć – piętnaście lat. Konsekwentnie spada odsetek młodzieży przekonanej, że będzie miała mało perspektywiczne wykształcenie zasadnicze zawodowe lub średnie. Coraz więcej młodych ludzi wierzy, że będzie mieć wykształcenie wyższe.

Żądne wiedzy, uczące się, ambitne, widzące dla siebie jasną przyszłość w nowej Polsce młode pokolenie czy pokolenie, w którym większość ludzi ma jakieś nadzieje, czegoś się uczy, czegoś się nauczy, ale ani ta wiedza nie da im w życiu nic nadzwyczajnego, ani te nadzieje nie zostaną spełnione tak, jak by chcieli? Który obraz jest prawdziwy? Oba, niestety. Właściwie trudno mówić nawet o polskiej młodzieży jako całości, bo pod względem wiedzy i umiejętności jest ona tak podzielona jak cały kraj. Bierzemy do ręki wyniki testów przeprowadzanych w różnych szkołach i jak na dłoni widzimy dwie Polski. Zróżnicowanie wyników uzyskanych przez polskich uczniów w testach sprawdzających rozumienie tekstów i poprawne wyciąganie wniosków jest zwykle największe spośród rozwiniętych krajów biorących udział w badaniu. Już na tym etapie, gdy porównuje się kilkunastoletnich Polaków, widać u nas model latynoamerykański. Z jednej strony świetnie wykształceni młodzi ludzie, którzy bez problemów mogą konkurować ze swymi rówieśnikami z najbardziej rozwiniętych krajów. Z drugiej strony półanalfabeci, którzy niewiele rozumieją i niewiele potrafią, a w szkole głównie odfajkowują godziny.

Mamy w Polsce statystyczny wzrost poziomu wykształcenia ludzi, a jednocześnie szybko rosnące, często gigantyczne już różnice edukacyjne (między lepiej a gorzej wykształconymi, między miastem a wsią, bogatymi a biednymi). Dzieci biednych, gorzej wykształconych, urodzone i wychowujące się we wsiach i w małych miasteczkach z kretesem przegrywają z dziećmi ludzi lepiej wykształconych, bogatszych, najczęściej z większych miast. Te dzieci nie tylko przegrywają. Często tak naprawdę nie startują nawet w zawodach. Ba, często nie wiedzą nawet, że zawody się odbywają. Przez całe dziesięciolecia całkiem nieźle miał się u nas mit, że jesteśmy dobrze wykształceni, lepiej nawet niż Francuzi, a szczególnie Amerykanie. Wiadomo – taki Amerykanin to nie wie, gdzie są Polska i Warszawa, a my, owszem, dobrze wiemy, gdzie jest Ameryka. Mit miał się świetnie, ale – jak to mit – do rzeczywistości miał się, a szczególnie teraz ma się nijak. Wskaźnik wyższego wykształcenia, mimo znacznego wzrostu, wciąż jest u nas niski, funkcjonalny analfabetyzm nie jest zjawiskiem rzadkim, ale jest go bardzo, bardzo dużo. W wielu miejscach jest nawet normą. Rozumienie tekstów jest słabiutkie. Umiejętność werbalizowania swych myśli – bardzo przeciętna. Można oczywiście powiedzieć, że w ciągu ostatnich kilkunastu lat liczba kin spadła z ponad tysiąca czterystu do ponad sześciuset, że nakłady książek zmniejszyły się, i to znacznie, że gazety są coraz droższe i tak dalej. Wszystko to prawda, ale intuicyjnie wyczuwamy, że nie w tym problem. Że o wiele większym problemem niż trudności z zaspokojeniem pragnienia dostępu do dóbr kultury jest brak takiego pragnienia, a problemem największym jest system edukacyjny, który u młodych ludzi takich potrzeb nie buduje.

DYSTANS DO NADROBIENIA

Dość przygnębiająca jest lektura raportu OECD/PISA pokazującego, z jakim bagażem wiedzy i umiejętności piętnastolatkowie z różnych krajów biorą się za podejmowanie decyzji, które mogą zdecydować o całym ich życiu. Raport jest dla nas przygnębiający, bo polscy uczniowie wypadli poniżej, a w wielu wypadkach zdecydowanie poniżej średniej właściwie we wszystkich kategoriach. Kategoria pierwsza z brzegu – rozumienie tekstu. Średnia polska to 479 punktów, daleko za Finlandią (546), Kanadą (534), Nową Zelandią (529) i Stanami Zjednoczonymi (504). Wyniki polskiej młodzieży okazały się zdecydowanie niższe niż wyniki uzyskane przez uczniów z większości krajów Unii Europejskiej. Młodzi Polacy wypadli, zresztą nie tylko w tej kategorii, lepiej tylko od unijnych maruderów z Grecji i Portugalii. Równie smutny co polska średnia jest fakt, że niemal dziesięć procent naszych uczniów nie osiągnęło nawet pierwszego, zupełnie podstawowego poziomu wymagań. Oznacza to, ni mniej ni więcej, że dziesięć procent piętnastolatków w Polsce to funkcjonalni analfabeci. A jak wypadli najlepsi polscy uczniowie? Poziom piąty, najwyższy, osiągnęło tylko sześć procent z nich, zdecydowanie gorzej niż we wszystkich innych krajach OECD (dla porównania: w Finlandii ponad osiemnaście procent). Oznacza to, że mamy w Polsce uczniowską elitę, ale jest ona wąziuteńka. Oznacza to też ogromny rozrzut poziomu wykształcenia polskich piętnastolatków. Skąd takie różnice wśród młodych Polaków? Tu odpowiedź jest precyzyjna. Bo tak wielkie są różnice między poszczególnymi typami szkół: uczniowie liceów ogólnokształcących uzyskali średnio po 544 punkty, uczniowie średnich szkół zawodowych po 478 punktów, a uczniowie zasadniczych szkół zawodowych – 356.

No dobrze, może z rozumieniem tekstu jest u nas krucho, ale na przykład z matematyką dużo lepiej. Niestety, i tu żadnych dobrych wieści. I w tej kategorii nasza młodzież wypadła lepiej niż młodzież grecka i portugalska, ale już zdecydowanie gorzej niż młodzież z pozostałych krajów. Wystarczy porównać wyniki. Polska średnia to 477 punktów, czeska – 498, węgierska – 488, niemiecka – 490, japońska – 557, fińska – 536. I tu zanotowano wielkie różnice między najlepszymi a najgorszymi polskimi uczniami. Nie ma co dalej się katować tymi wynikami. Wystarczy dodać, że nasi uczniowie licho wypadli też w kategorii „myślenie naukowe". Jakigo przedmiotu nie wziąć, wychodzi na to, że siedzimy w oślej ławce.

Wróćmy do sedna sprawy. Jest nim w polskich warunkach małe zróżnicowanie między uczniami tej samej szkoły i wielkie różnice między szkołami. Poziom uczniów w danej szkole jest u nas znacznie bardziej wyrównany niż w innych krajach (może to świadczyć o tym, że w naszych szkołach nie stosuje się ekstrapremii za mistrzostwo). Różnice między poszczególnymi szkołami są jednak ogromne. Skąd się biorą? Między innymi z wielkich różnic w zamożności, wykształceniu i „zasobach kulturalnych" rodziców. Czyli dzieci z bogatszych domów, w których w rękach rodziców i na półkach częściej są książki, mają o wiele większe szanse niż ich rówieśnicy z domów biednych. Porównanie tych szans prowadzi do wniosku, że nasz system edukacyjny prowadzi do segregacji młodzieży według pochodzenia społecznego. Mamy więc dziedziczenie z jednej strony: pieniędzy, wykształcenia, wysokiego statusu i szans, a z drugiej – braku wykształcenia, biedy i co najwyżej umiarkowanych szans.

Pewne prawidłowości są oczywiście nie do przeskoczenia. Dochód na głowę mieszkańca w Polsce stanowi trzydzieści dziewięć procent średniej OECD, a wydatki na wykształcenie trzydzieści siedem procent średniej. Z tego punktu widzenia ktoś mógłby nawet dojść do wniosku, że relatywnie nie jest u nas aż tak źle. Słówko „relatywnie" nie powinno jednak zaciemniać i tak ciemnego obrazu. Nie mamy w Polsce żadnej równości szans, bo miliony polskich dzieci już na starcie nie mają żadnych szans. Nie tylko nie są w stanie doścignąć rówieśników z innych krajów, ale jeszcze zanim wejdą w dorosłe życie, mogą co najwyżej oglądać plecy rówieśników ze swojego kraju. Nie jest oczywiście tak, że o wszystkim decyduje typ szkoły, bo licea liceom nierówne. Do rozróżnienia pod względem typu szkół dochodzi więc rozróżnienie ze względu na miejsce zamieszkania: region Polski i miasto lub wieś. Ale w ten sposób uzyskujemy jedynie zaczernienie bardzo smutnego obrazu dzisiejszego polskiego szkolnictwa. Zdolni młodzi ludzie, ale urodzeni w ubogim regionie Polski, wychowywani przez wspaniałych, ale gorzej wykształconych rodziców, uczeni przez ofiarnych nauczycieli, ale w kiepskiej szkole muszą przegrać z kretesem w rywalizacji z dziećmi może mniej zdolnymi, ale mającymi lepiej wykształconych rodziców, w dużym mieście, dziećmi chodzącymi do dobrej szkoły, w której uczą dobrzy nauczyciele. Totalny determinizm. Dość szczególny, jak na kraj, w którym pięćdziesiąt lat wcześniej wywróciła się cała struktura społeczna, a dzieci najbiedniejszych robotników i chłopów dostały szansę społecznego awansu. Okazuje się, że półwiecze egalitaryzmu i urawniłowki plus kilkanaście lat kapitalizmu dało nam o wiele gorsze wyniki niż te osiągnięte w krajach, które nie musiały przechodzić przez komunizm. PRL-owski awans był zjawiskiem jednostkowym, potem była raczej degeneracja systemu. Czterdzieści lat od momentu gwałtownego awansu piętra, na których wylądowali ludzie, były już od siebie tak oddalone, że w chwili przełomu i przyśpieszenia szczeble drabiny społecznej rozjechały się na dobre.

Okazuje się, że możemy tylko marzyć o tym, by było u nas tak jak w naprawdę socjalistycznych Szwecji i Finlandii. W tych krajach wpływ pochodzenia społecznego na wyniki w nauce dzieci i młodzieży jest bardzo mały. Dzieci startują, mając podobne szanse, wychowywane są rzeczywiście w tej samej kulturze, mówią naprawdę tym samym językiem, wysławiają się w istocie w podobny sposób. W przyszłości ich kariery w większym stopniu będą zależały od ich pracy. Różnice między dorosłymi będą spore, ale nie ogromne. Wszyscy razem będą tworzyć społeczeństwo, a nie kasty i podkasty zamieszkujące ten sam kawałek ziemi.

Przed nami wielkie zadanie. Punkty za pochodzenie są kiepskim pomysłem, bo są one sposobem na skutki. W Polsce musimy sobie poradzić z przyczynami. Eksperci trochę rozkładają ręce, bo zadanie jest ogromne, ale stawiają jasne cele – poprawić wyniki większości i podnieść poziom nauczania najsłabszych. Być może nie jest wskazana ostra selekcja wśród piętnastolatków, bo sprawia ona, że już na starcie dostaje się „los na loterii albo w dupę". Nie może być tak, że już na dzień dobry mamy słabe szkoły ze słabymi uczniami, którym na niczym nie zależy, a jak zależy, to i tak nie ma to większego znaczenia, bo jadą oni tym pociągiem, którym jadą, i o przesiadce nie ma mowy. Pewnie także za wiele lat najlepszymi polskimi szkołami będą szkoły społeczne w miastach akademickich, za nimi będą szkoły publiczne w miastach akademickich, potem szkoły publiczne w miastach średnich, potem w małych, potem na wsiach. Jednak nie powinno być tak, byśmy mogli – jak z kart – odczytać całą przyszłość młodego człowieka, wiedząc tylko, gdzie i do jakiej podstawówki, do jakiego gimnazjum chodzi.

KORPUS EDUKACYJNY

Bez wielkich wydatków na edukację degradacja społeczna wielkich mas młodych Polaków będzie się pogłębiała. Skąd wziąć pieniądze? Trzeba ciąć wydatki. Które? Wystarczy przyjrzeć się, ilu ludzi (mówimy o setkach tysięcy, jeśli nie o milionach) dostaje u nas nienależne świadczenia. Ile osób płaci niemal żadne podatki, bo kupili kawałek ziemi i są ubezpieczeni w KRUS-ie, ilu kiwa urzędy skarbowe. Tam są pieniądze, dzięki którym w polskich szkołach naprawdę będą komputery, dzięki którym naprawdę będą w nich dobrzy nauczyciele. Nie wyjdziemy z naszego grajdołka, jeśli każdy polski piętnastolatek nie będzie mówił po angielsku i nie będzie umiał obsługiwać komputera (mówię o komputerze i internecie, a nie o ogłupiających grach komputerowych). Gdy byłem korespondentem w Ameryce, zawsze zazdrościłem moim skandynawskim kolegom. Zazdrościłem im, że nigdy nie muszą tłumaczyć angielskich wypowiedzi. Nie muszą, bo wszyscy w ich krajach znają angielski. Bez powszechnej znajomości tego jednego języka nie ruszymy z miejsca. To jest kwestia możliwości edukacyjnych, korzystania z wiedzy, którą zdobyli inni, z możliwości wejścia do komputera i błyskawicznego znalezienia w internecie wszystkiego, co wynalazł i wymyślił człowiek. To także, i wcale nie jest to drobiazg, kwestia dobrego samopoczucia.

A skąd wziąć nauczycieli, którzy tego angielskiego by uczyli, którzy nauczyliby obsługiwania komputera? Wierzę w coś, co przypominałoby wymyślony przez Johna Kennedy'ego amerykański Korpus Pokoju, tyle że byłby to Korpus Edukacyjny skierowany do wewnątrz. Młodzi Amerykanie, często z bardzo bogatych domów, choć wcale nie tylko z bogatych domów, są gotowi spakować plecak i pojechać do Papui-Nowej Gwinei, by uczyć Papuasów, albo pojechać do New Jersey i rok czy dwa uczyć w szkole publicznej, gdzie większą popularnością niż książki cieszą się narkotyki. Wielu młodych Amerykanów przyjechało po 1989 roku do Polski, by pomóc ludziom z kraju, w którym rodziła się demokracja. Czy ktoś chce mi powiedzieć, że nie znalazłaby się cała rzesza młodych Polaków, którzy pojechaliby na rok czy dwa, lub na trzydzieści weekendów do wsi, miasteczek albo choćby na drugi brzeg Wisły, by pomóc młodzieży pozbawionej szans? Jestem absolutnie pewien, że dwudziestoparoletni absolwent uniwersytetu mógłby dzieciom z wielu miast, miasteczek i biedniejszych dzielnic otworzyć oczy. Że pozwoliłby im zobaczyć światy, których istnienia nie są nawet świadomi, że nauczyłby ich chociaż marzyć. Niejedno życie byłoby zmienione. A dla młodych ludzi praca w takim naszym Korpusie Edukacyjnym byłaby fantastycznym doświadczeniem, definiującym ich życie. To byliby najlepsi z najlepszych, prawdziwi obywatele, ludzie idealistyczni, którzy idealizmem zarażaliby innych. Nie chcieliby? Chcieliby. Są cyniczni? A kto oprócz Papieża odwołuje się do ich idealizmu? Zresztą, trzeba spróbować. Pomóc ma w tym rząd, bo to świetna inwestycja w przyszłość. Mają w tym też pomóc organizacje pozarządowe i wielkie firmy. To byłoby wielkie dzieło na miarę Polski, którą chcemy zbudować. Jednej Polski, bo po kilkudziesięciu latach takiej pracy podział na dwie Polski udałoby się pogrzebać.

IDZIE WYŻ

Mamy w Polsce kilka milionów młodych ludzi w wieku osiemnastu-, dwadziestu pięciu lat. Bardzo wielu z nich jest bardzo ambitnych. Uczą się i zdobywają kwalifikacje. Ale czy zdobędą pracę? Czy będą mogli nie tylko założyć, ale i utrzymać rodzinę? Czy staną mocno na nogach? Czy poczują się pełnoprawnymi członkami społeczeństwa? Z sondaży wynika, że chcą oni tego, czego chce ogromna większość dorosłych Polaków i – generalnie – ogromna większość przytomnych ludzi na naszej planecie – chcą normalnie żyć. Dużo chcą. Nie zbyt dużo, ale dużo. Ci młodzi ludzie już niedługo powinni się włączyć w budowę nowej Polski. To oni powinni dać wielką energię III czy IV, mniejsza o liczby, Rzeczypospolitej. Tylko jak to mają zrobić w sytuacji, gdy w wielu regionach kraju bezrobocie wśród dwudziestolatków sięga pięćdziesięciu procent. Jak mają dać społeczeństwu wielką energię i porcję nadziei absolwenci wyższych uczelni, którzy nie są w stanie znaleźć pracy? Co z tego, że mają oni często o wiele szersze horyzonty niż ich rodzice, skoro ich widoki na znalezienie sensownej pracy są o wiele gorsze.

Nadchodzi piętnasty w polskiej historii wyż demograficzny. Wspólnym doświadczeniem ostatniego była „Solidarność". Czy wspólnym doświadczeniem tego nie będzie przypadkiem życie na zasiłku? Młodzi ludzie popadną w apatię i będą wegetować, wyjadą z Polski czy wściekną się i doprowadzą do rewolty? Młodzieży bez pracy będzie coraz więcej. Frustracji też. Socjolog Tomasz Żukowski mówi, że rewolta jest możliwa, ale raczej teoretycznie. Teoretycznie, bo młodzież, jak dorośli, jest bardzo podzielona. Zbyt podzielona, by mógł się zdarzyć protest pokoleniowy taki jak „Solidarność" czy taki jak rok 1968 we Francji. Ale napięć może być co niemiara, bo na rynek pracy wejdą kolejne roczniki. Rynek pracy albo bezrobocia. Bomba tyka i warto ją rozbroić, bo jeśli komuś nie przeszkadza, że tylu ludzi w Polsce ma na starcie kamień u nogi, to może chociaż ktoś przestraszy się, gdy sobie uświadomi, do czego taka masa młodych ludzi w poczuciu beznadziei jest zdolna. Tym młodym ludziom trzeba dać szansę i nadzieję. Po pierwsze dlatego, że na nią zasługują. Po drugie dlatego, że normalne społeczeństwo nie może sobie pozwolić na to, by talenty młodych zdolnych ludzi marnować. Po trzecie dlatego, że im bardziej wykształceni, im bardziej zadowoleni, im częściej zatrudniani i lepiej opłacani będą młodzi ludzie, tym większa będzie w Polsce szansa na stworzenie prawdziwej klasy średniej. Tym trwalsze będą polskie przemiany. Tym więcej będzie zwolenników reform. Tym mniej będzie potencjalnych wyborców Leppera. Bierność młodzieży, to oczywiste, osłabia jej siłę. A ponieważ młodzież z założenia, przynajmniej na starcie, ma nastawienie liberalne, osłabia też siłę liberalnego nurtu. Nie jest on w Polsce zbyt mocny. Tym bardziej trzeba się starać, by mógł liczyć na stały dopływ zwolenników.

Nie obawa przed buntem powinna być głównym motywem starań o to, by młodzi ludzie mieli w Polsce prawdziwą szansę. Ale należy działać tak, jakby ten bunt był za progiem. Historycy uważają, że w Wielkiej Brytanii wielkich buntów nigdy nie było, bo system posiadł zdolność kooptacji elit. Młodzi, zdolni i ambitni mieli możliwość pokonywania szczebli społecznego awansu. Ich ambicje były zaspokojone i nie przeradzały się we frustrację. A ci, którzy zostawali na dole, byli pozbawieni przywódców. Trudno odnieść wrażenie, by nasz system był zdolny do takiej kooptacji, szczególnie na masową skalę. Jeśli szanse na pracę są małe, szanse na awans znikome, szanse na realizację marzeń żadne, to gdzieś ta energia musi ujść. Jeśli do tego żyjemy w kraju, gdzie każdy sobie rzepkę skrobie, gdzie ludzie są oddzieleni od siebie, gdzie solidarność jest już tylko na wyblakłych związkowych sztandarach i w homiliach Papieża, jeśli mamy poczucie, że nie tylko nikt nam nie potrafi pomóc, że nie tylko nikt nam nie chce pomóc, ale że w ogóle nikt się nami nie przejmuje, jeśli do tego tuż obok widzimy inny świat, świat tych, którym się udało, to skala frustracji musi być ogromna.

To nie jest „jeden z problemów". To jest problem numer jeden. Są socjologowie, którzy uważają, że nierówności, jeśli idzie o dostęp do dóbr materialnych i do wiedzy, a więc do życiowych szans, są u nas tak ogromne, że różne grupy polskiej młodzieży w praktyce łączy tylko wiek. Z jednej strony ktoś może wyczytać z tego przesłanie optymistyczne. Skoro tyle ich dzieli, to żadnego buntu nie będzie. To przesłanie jest jednak w swej wymowie druzgocące. Jeśli tyle ich dzieli, to o jakiej solidarności, o jakiej wspólnocie, o jakim społeczeństwie obywatelskim, o jakim społeczeństwie w ogóle możemy mówić. Oznacza to, że żyjemy w chorym społeczeństwie i że bardzo umiarkowane są szanse na to, by ono ozdrowiało.

Można się pocieszać, mówiąc, że mimo wielkiej frustracji polska młodzież ocenia przemiany po 1989 roku o wiele bardziej optymistycznie niż młodzież czeska, słowacka, węgierska, litewska, łotewska i słowacka. Małe to jednak pocieszenie, bo wynika z tego tylko tyle, że nadzieje młodych ludzi niełatwo jest zabić. Nie dzieje się niestety dość, by je podtrzymać i by na nich budować. Nie pomoże tutaj samo wejście do Unii Europejskiej. Pracę domową musimy odrobić sami. Pracę polegającą na walce z bezrobociem, na przywracaniu polskim dzieciom i polskiej młodzieży szans edukacyjnych. Polegającą na wciąganiu młodzieży w pomoc innym. Wszystkim nam byłoby po prostu fajniej żyć we wspólnocie, w której istnieje solidarność, w której można liczyć na innych. Byłoby też fajniej, gdybyśmy zrozumieli, że albo uda się nam wszystkim, albo wszyscy przegramy. Przegrają nie tylko ci, którzy nie będą mieli pracy i nadziei. Także ci, którzy z garaży w swoich domach będą wyjeżdżali w klimatyzowanych samochodach, którymi będą jechali do garaży w swoich biurowcach, gdzie będą obmyślać, jak zrobić wielkie pieniądze obok, a może kosztem innych. Przegrają, bo całkiem spora część ich energii przeznaczona będzie na to, by nigdy nie zetknąć się z realnym życiem, realnym, czyli tym, które wiedzie dziewięćdziesiąt siedem procent ich współrodaków. Ale nawet dla tych „szczęśliwców" Polska byłaby krajem, w którym można wytrzymać jedynie w domu, w pracy i jeszcze w kilku małych enklawach. Ale i oni mieliby przekonanie, że naprawdę normalnie jest we Francji, we Włoszech czy w Hiszpanii. Fajnie jest być obywatelem świata, ale najlepiej, gdy będąc nim, można bez wstydu pokazywać własny paszport.

UNIA – SZANSA NA POKOLENIA

*Unia Europejska to wielki rynek i wielka szansa.
Tam wygrywają najlepsi. Ale nasi przedsiębiorcy
nie będą mieli w tej grze żadnych szans, jeśli będą
mieli założone dyby, zresztą polskie, a nie unijne.*

Roman Kluska

POGOŃ

Tak, to jedno nie ulega wątpliwości. Mamy fantastyczną koniunkturę. Pal diabli recesję i trudny rynek. Mamy bezpieczne granice, członkostwo w prawdziwym sojuszu, w którym jesteśmy partnerem, a nie wasalem, przyjazne sąsiedztwo. Wszystko jak marzenie, bo nawet jak Polska była już niepodległa, przed wojną, nieszczęście było tuż-tuż. Dziś jest pokój i spokój. Wszystko zależy od nas. Jak się uda, cała chwała dla nas, jak się nie uda, cała wina nasza. Ostatni raz coś takiego Polacy mogli sobie powiedzieć za Sobieskiego.

No to wchodzimy do Europy. Choć, abstrahując od geograficznego i organizacyjnego aspektu sprawy, dopiero tę Europę będziemy gonić. I naprawdę musimy narzucić nieprawdopodobne tempo, jeśli chcemy, by nasze dzieci, a tak naprawdę wnuki, mogły ją dogonić, a w każdym razie, by dogonić chociaż tych, co dziś wleką się w unijnym ogonie. PKB na głowę mieszkańca w Polsce stanowi czterdzieści jeden procent średniego PKB w Unii Europejskiej. Trochę tak, jakbyśmy startowali w biegu na sto metrów, a rywale byli już, średnio, na metrze pięćdziesiątym dziewiątym. Na szczęście porównanie nieprecyzyjne, bo mówimy nie o sprincie, lecz o supermaratonie. Po drodze zresztą będziemy musieli dogonić nie tylko

Europę unijną, ale także tych, z którymi awansowaliśmy do europejskiej ligi mistrzów. PKB na głowę mieszkańca Słowacji to czterdzieści osiem procent unijnego, mieszkańca Węgier – pięćdziesiąt trzy procent, a mieszkańca Czech – pięćdziesiąt dziewięć procent. W już rozszerzonej Unii biedniejsze niż Polska będą tylko Litwa i Łotwa. Nawet do europejskiego ogona jest nam tak naprawdę bardzo daleko. Wystarczy powiedzieć, że nasz realny PKB na mieszkańca stanowi sześćdziesiąt procent PKB na głowę w Grecji i pięćdziesiąt procent PKB na głowę hiszpańską. Zadanie stojące przez Polską i Polakami może przerażać, zwłaszcza gdy porówna się dystans, jaki musimy pokonać, z dystansem, jaki musieli pokonać Irlandczycy, Hiszpanie, Portugalczycy czy Grecy. Gdy Irlandia wchodziła do Europejskiej Wspólnoty Gospodarczej w 1973 roku, PKB na mieszkańca miała na poziomie pięćdziesięciu ośmiu procent europejskiej średniej, do pokonania miała więc mniej więcej taką samą odległość, jaką dziś, trzydzieści lat później, muszą pokonać Czesi. Gdy do wspólnoty wchodziła w 1981 roku Grecja, jej PKB na głowę stanowił sześćdziesiąt trzy procent średniej piętnastu krajów Unii. A gdy w 1986 roku członkami stawały się Hiszpania i Portugalia, ich dochód na głowę stanowił – odpowiednio – siedemdziesiąt i pięćdziesiąt trzy procent unijnego.

Stojące przed nami zadanie może jednak przerazić tylko kogoś, kto nie rozumie, że nie stoimy przed stromą górą, z której – próbując się na nią wdrapać – musimy spaść, ale przed niepowtarzalną szansą. To szansa na skokowe podniesienie cywilizacyjnego poziomu Polski, na wyniesienie naszego kraju w rewiry wcześniej nieogarnione nawet naszymi marzeniami. Przed nami kilkadziesiąt lat trudności, ogromnej pracy i wiele chwil zwątpienia, wystarczy jednak uruchomić wyobraźnię, by dostrzec cel i stawkę gry. Nic nie będzie tu proste.

Z mądrych raportów wynika, że przez dziesięć lat trudno się spodziewać wielkich zmian w poziomie produkcji czy w poziomie życia. Czeka więc nas dziesięć lat ciężkiej pracy, po których być może z trudnością będziemy dostrzegać jej efekty. A trzeba będzie tę pracę wykonać, bo od niej będzie zależało nasze powodzenie w następnym dziesięcioleciu, czyli tak naprawdę i powodzenie nas samych, i powodzenie pokoleń naszych dzieci i wnuków. Po drodze musimy jeszcze pokonać wszelkie trudności i rozczarowanie, że my tu harujemy jak woły, a skutków nie widać. Będzie te trudności o tyle łatwiej pokonać, że nie mamy odwrotu, chyba że ktoś się chce zdecydować na skok w odchłań. Ale jeśli odrobimy zadanie domowe, do roku 2030 PKB na polską głowę wzrośnie z czterdziestu do siedemdziesięciu pięciu procent unijnej średniej. Czy ten cel nie jest wart wyrzeczeń? Fakt, to strasznie odległa perspektywa. Dzisiejsi maturzyści będą wtedy przed pięćdziesiątką, sam będę tuż przed emeryturą, a wielu z nas nie będzie już na tym świecie. Czy można się domagać ofiar na rzecz osiągnięcia celu od ludzi, którzy nie będą nawet w stanie zobaczyć ich efektów? Sądzę, że tak i że wcale nie będzie to takie trudne. Już dziś miliony starszych Polaków żyją myślą o przyszłości swych dzieci i wnuków. I chętnie poświęciliby oni jeszcze kawałek życia, gdyby mieli gwarancję, ale taką prawdziwą gwarancję, że tym dzieciom i wnukom naprawdę będzie lepiej niż im i ich rodzicom.

JAK GONIĆ?

Unia jest wielkim wyzwaniem. Nagle z naszego przypominającego trochę klepisko, otoczonego niezadaszonymi trybunami boiska mamy się przenieść na wielkie stadiony i zagrać w Lidze Mistrzów. Fajnie jest grać w Lidze Mistrzów, ale bez podstaw, zaplecza i dobrych zawodników można dostać strasznie w skórę. Jeśli Polskę dzieli od unijnej przeciętnej aż taki dystans, to wiadomo, że – chcąc dogonić Europę – musimy biec szybciej niż ona. Warunki prowadzenia działalności gospodarczej muszą więc być w Polsce nie takie jak w Europie, ale lepsze. Polska nie odniesie sukcesu w ramach Unii, jeśli nie będzie u nas silnych, stabilnych podstaw działalności gospodarczej, jeśli nie zostanie zmniejszona rola państwa czy – dokładniej – jeśli nie przestanie ono ludziom z inicjatywą przeszkadzać, jeśli nie zmniejszą się podatki. Polska musi ruszyć z kopyta nie tylko z chęci doścignięcia lepszych. Jak pisał teoretyk liberalizmu i myśli chrześcijańskiej, amerykański intelektualista Michael Novak, demokracja, która bez wzrostu gospodarczego przejawia tendencje autodestrukcyjne, pobudza walkę wszystkich ze wszystkimi i prowadzi do ogólnej „bałkanizacji", w warunkach wzrostu nabiera spokojnego charakteru, daje ludziom nadzieję i optymizm, pozwala marzyć i spełniać marzenia. Potrzebujemy więc wzrostu gospodarczego, żeby ludzi ogarnął optymizm, który pozwoli nam zaczerpnąć powietrza i jeszcze podkręcić tempo.

Czy dziś mamy w Polsce warunki do marzenia i spełniania marzeń? Ciekawe, że takiej samej podobnej odpowiedzi „NIE" udzielają i ci przedsiębiorcy, którym się udało, i ci, którzy w pogarszających się warunkach wciąż idą naprzód, i ci, którzy nieprzymuszeni nawet finansowo, ale totalnie zniesmaczeni, postanowili powiedzieć „pas". Porażające jest to, co o polskiej gospodarce mówi na przykład Roman Kluska, twórca Optimusa, człowiek, któremu się udało, ale który w pewnym momencie miał dość. Roman Kluska nie wygląda na rekina biznesu, który stworzył firmę wartą setki milionów dolarów. Wygląda na przyzwoitego człowieka (z przekonania, że nie należy oceniać ludzi po wyglądzie, wyleczyła mnie sejmowa komisja śledcza. Co pojawiał się przed nią świadek wyglądający na krętacza – łgał strasznie, co pojawiał się ktoś, komu z oczu dobrze patrzyło – w oczywisty sposób mówił prawdę). Co o funkcjonowaniu polskiej gospodarki mówi ktoś, kto trafił do aresztu jak niesławni szefowie PZU i PZU Życie, z racji wykształcenia i braku skrupułów ironicznie zwani lekarzami bez granic? Co mówi człowiek, któremu założono kajdanki, choć jedyną jego winą była chęć skomputeryzowania polskich szkół? Mówi, że mamy w Polsce kryzys gospodarczy i kryzys etyczny w gospodarce. Jego źródłem jest częściowe odejście od zasad wolnego rynku i ubezwłasnowolnienie tego rynku przez korupcję i złe prawo, przy czym złe prawo napędza korupcję i *vice versa*. Prawo gospodarcze jest u nas niejednoznaczne, niesprawiedliwe, bo niegwarantujące równych szans, i uznaniowe (efekt jak wyżej). U ludzi decydujących o naszej gospodarce nastąpił zanik myślenia o dobru wspólnym, a w efekcie takie myślenie zanika także u przedsiębiorców. Trudno się zresztą dziwić, zważywszy ponadnormatywne, nawet jak na kraj postkomunistyczny, nasycenie gospodarki ludźmi Wojskowych Służb Informacyjnych. Co wynika z uznaniowości prawa? To, że zawsze ma rację urzędnik, czytaj, jeśli urzędnik nie dostanie w łapę, przedsiębiorca dostaje w głowę. Coraz więcej jest biznesmenów mówiących, że funkcjonują w gnoju, że coraz mniej jest uczciwych transakcji i uczciwych przetargów.

Wolny rynek jest jak sport, w którym wszyscy mają równe szanse. Nie ma równych szans, gdy szanse na zwycięstwo są ograniczane przez urzędnika pełniącego rolę sędziego, przy czym sędzia ustala reguły gry w zależności od własnego widzimisię, często już w trakcie rozgrywki. Złe prawo z kolei to wzrost kosztów, bo każdy musi mieć ekspertów od przestrzegania albo omijania głupiego prawa. Gdzieś po drodze zachwiana została istota konkurencji, bo nie ma realnej konkurencji, gdy zamiast iść na całość, biznesmeni asekurują się ze strachu przed samowolą czynowników. Skutek? Ludzie myślą już nawet nie o ekspansji swej firmy, o przyszłości i inwestowaniu, ale wyłącznie o własnej kieszeni. Nie o tym, co będzie za rok i lat pięć, ale o tym, co będzie jutro i pojutrze. Złe okazje czynią złodziei. Biznesmeni widzą, jak radzą sobie ich koledzy, i zaczynają postępować podobnie. Ludzie kombinują, dochody budżetu spadają, a nieudolni politycy znają na to tylko jedno lekarstwo – podwyżka podatków. To z kolei jeszcze bardziej blokuje rozwój gospodarczy. Zamiast imponującego lotu – korkociąg.

Trudno się w takiej sytuacji dziwić, że dystans, jaki musimy pokonać, zamiast się zmniejszać, powiększa się, bo większość polskich firm cierpi ma małą efektywność i niski poziom inwestycji, bo do tego dochodzi malejący napływ zagranicznego kapitału, spadek nakładów na badania, niska innowacyjność i zapóźnienie – i technologiczne, i organizacyjne.

Nie ma rozwoju bez inwestycji, a w Polsce, zamiast inwestować, wydajemy pieniądze na konsumpcję, przejadamy po prostu to, co trzeba zainwestować. Nasz ledwie zipiący budżet utrzymuje nierentowne przedsiębiorstwa. Wysysane są z niego ogromne sumy często na zawodowych bezrobotnych i na inne świadczenia dla kilkunastu milionów ludzi. Mamy dwa razy więcej rencistów na liczbę mieszkańców niż w jakimkolwiek innym kraju OECD. Co gorsza, tę sytuację, która jest jak zaciskająca się na naszych szyjach pętla, większość Polaków popiera. Sześćdziesiąt procent z nas uważa bowiem, że wśród najważniejszych i godnych poparcia wydatków państwa są wydatki na nierentowne przedsiębiorstwa i na rolnictwo. Edukacja, bez której dofinansowania nigdy nie ruszymy do przodu? Potrzebę

110

inwestycji w tę dziedzinę widzi osiemnaście procent Polaków, osiemdziesiąt jeden procent zaś chce, by państwo gwarantowało wysokie świadczenia socjalne. Jasne, byłoby wspaniale, gdyby mogło ono takie świadczenia zagwarantować, ale byłoby jeszcze wspanialej, gdyby większość rodaków dostrzegła elementarny związek między tym, co państwo może wydać, a tym, co jest w stanie zarobić.

Kołdra, fakt, jest bardzo krótka, ale nie można nie zauważać, że świat nie kończy się na kołdrze. I my mówimy o przesocjalizowanej Unii? Francja zostaje sparaliżowana, bo rząd, w obawie przed bankructwem francuskiego państwa, decyduje się na niezbędne cięcie wydatków. W Niemczech niepokój, bo gospodarczy gigant nie jest w stanie zagwarantować ludziom dobrobytu, który im wcześniej obiecywał i w części, na kredyt, rzeczywiście gwarantował. We Włoszech podobnie. A w biedniejszej Polsce: żądanie, by z budżetu brać wciąż więcej i więcej, choć pracujących coraz mniej, a do spłacenia pozostają wielkie długi. Miliony mają lewe renty, bo jesteśmy coraz bardziej chorym społeczeństwem, tyle że od tych chorób żyjemy coraz dłużej – średnia długość życia wzrosła u nas od 1989 roku o cztery lata. Ta przesocjalizowana Unia na tle podobno gnębionej przez liberałów Polski jest ultraliberalna. Nic nie poradzimy. Trzeba będzie ciąć. Znowu. Choć trzeba władzy, która ma do tego moralne prawo, bo nie obiecywała gruszek na wierzbie i daje pewność, że ofiar nie będą ponosili tylko ci, którzy nie siedzą w „naszym układzie".

Trzeba ciąć, bo skądś musimy wziąć pieniądze na rozwój. Te nakłady są dziś w Polsce dramatycznie niskie. Wystarczy powiedzieć, że w 2000 roku bezpośrednio na rozwój przeznaczono w Polsce siedemdziesiąt osiem setnych procent dochodu narodowego, podczas gdy w bogatej Ameryce – dwa i siedem dziesiątych procent, a w Unii Europejskiej – średnio jeden i osiem dziesiątych procent. Pod względem rozwoju gospodarki opartej na zaawansowanej technologii jesteśmy wśród krajów OECD na dwudziestym trzecim miejscu z sześcioma punktami. Dla porównania Węgrzy mają tych punktów trzydzieści, USA – czterdzieści, a Szwajcaria – pięćdziesiąt. Współczynnik wynalazczości spadł u nas o ponad połowę: z 1,4 w roku 1989, do 0,6 w roku 2000. W Unii Europejskiej wynosi on średnio 2,6. W drugiej połowie lat dziewięćdziesiątych dramatycznie spadł też poziom innowacyjności naszych firm. W latach 1994 – 1996 wynosił on trzydzieści siedem i sześć dziesiątych procent. W latach 1997 – 1998, dwadzieścia osiem i dziewięć dziesiątych procent. A w latach 1998 – 2000 już tylko szesnaście i dziewięć dziesiątych procent. W krajach Unii ten wskaźnik wynosi średnio pięćdziesiąt jeden procent: w biednej, oczywiście jak na unijne standardy, Portugalii – dwadzieścia sześć procent, a w Irlandii, którą tylu u nas nie tylko kocha, ale którą tylu chciałoby, i słusznie, naśladować – siedemdziesiąt cztery procent. Suche wskaźniki, których my, nieekonomiści, nie jesteśmy w stanie precyzyjnie zanalizować, ale które wysyłają nam nieomylny sygnał, że coś jest nie tak, że tam, gdzie decyduje się rozwój naszej gospodarki, jest krucho.

W Polsce, gdzie ponad dziewięćdziesiąt dziewięć procent wszystkich przedsiębiorstw stanowią firmy małe i średnie, miarą stanu gospodarki jest więc właśnie stan tych firm. Jaki on jest? Udział małych i średnich przedsiębiorstw w polskiej gospodarce w ostatnich latach rósł, ale jednocześnie pogorszyła się ich sytuacja. Co najgorsze, szczególnie pogorszyła się sytuacja firm eksportujących do Unii Europejskiej. I tu pojawia się problem. Nadchodzi czas wolnej amerykanki, a właściwie wolnej europejki. Gdy Polska wejdzie do Unii, bariery celne znikną. A właśnie te firmy są zagrożone importem wyrobów gotowych. Jeśli więc warunki funkcjonowania tych firm błyskawicznie się nie poprawią, będą one jak bokser, który zamiast, trzymając wysoko gardę, zmieniać pozycję i szykować się do zadania ciosu, czeka z opuszczonymi rękami, aż cios, być może nokautujący cios, zada mu ktoś inny. Polskie firmy muszą się zmieniać, by mniejsze w nich były koszty produkcji, a więc, by większa była ich konkurencyjność. Muszą być coraz bardziej nowoczesne. Muszą jak najszybciej dostosować się do standardów europejskich i światowych (ISO). Z raportu ilustrującego koszty i skutki wejścia Polski do Unii wynika, że jest z tym krucho. Od 1995 do 2000 roku liczba certyfikatów ISO wzrosła w Polsce ze stu trzydziestu do dwóch tysięcy siedemdziesięciu pięciu. Ale na przykład w Czechach doszła do trzech tysięcy ośmiuset pięćdziesięciu pięciu, a na Węgrzech – do czterech tysięcy sześciuset siedemdziesięciu dwóch.

Już pod koniec lat osiemdziesiątych, zanim doszło w Polsce do wielkiego przełomu, Stefan Kisielewski zastanawiał się, jak będziemy budowali ten polski kapitalizm bez kapitału. Pytanie pozostaje zasadne. Ale lepiej znamy już odpowiedź. W Polsce nie mamy pieniędzy, by sfinansować niezbędne inwestycje. Ma je Unia Europejska i właśnie dlatego, nawet jeśli komuś się nie podobają Unia i brukselska biurokracja, do Unii musieliśmy wejść. Ale unijne pieniądze nie są wypłacane na „poprosimy". Trzeba mieć konkretny, sensowny program i trochę własnych pieniędzy, by Unia mogła dorzucić resztę. Nie ma tu żadnych gwarancji. Wiadomo, że pieniądze dostaniemy, jeśli podejmiemy odpowiedni wysiłek i przygotujemy jak trzeba wszystko, co trzeba. A to z kolei zależy od tego, czy nasza administracja będzie w stanie tę pomoc „przerobić", a gospodarka zaabsorbować. To jest szansa, którą trzeba wykorzystać. Po pierwsze więc, musimy mieć wystarczająco dużo wystarczająco dobrych projektów. Po drugie, musimy mieć wystarczająco sprawne instytucje, by te projekty przerobić, a pomoc przyjąć. Po trzecie, musimy mieć jeszcze coś, żeby dostać więcej. Tu nie zadziała, niestety, reguła znana z *Ziemi obiecanej*: „ja nie mam nic, ty nie masz nic, on nie ma nic, czyli razem mamy tyle, żeby wybudować wielką fabrykę".

Mieliśmy w 1990 roku wezwania do politycznego przyśpieszenia (do przyśpieszenia nie doszło, a nadzieje na nie umarły, paradoksalnie, gdy prezydentem został Lech Wałęsa, który je uosabiał). Teraz potrzebne nam jest gospodarcze przyśpieszenie, druga fala zmian, po pierwszej, z roku 1990. Bez niego nie ruszy z kopyta nasza gospodarka, bez niego pogłębiać się będzie marazm. Bez niego najzdolniejsi zaczną szukać swej szansy gdzie indziej. Szczególnie to ostatnie stanowi wielkie niebezpieczeństwo, z którym musimy sobie poradzić. Nie potępiam tych, którzy swojej szansy będą szukali za granicą. Gdyby PRL szczęśliwie nie sczezła, sam być może byłbym teraz w Ameryce albo w Australii. Myślałem przecież o tym całkiem poważnie. Do 2030 roku może z Polski wyemigrować milion ludzi, kilkadziesiąt tysięcy ludzi rocznie. To będą ludzie twórczy, zaradni, odważni, dynamiczni. Ten proces może być osłabiony tylko przez szybki rozwój. Bez takiego szybkiego rozwoju grozi nam wielki drenaż mózgów (*brain drain*). Polska przeżyła ich już kilka. Ostatni na początku lat osiemdziesiątych po wprowadzeniu stanu wojennego. Miliona ludzi, którzy wtedy wyjechali, bardzo dziś brakuje. Brakuje nam ich odwagi, która pozwalała im szukać nowego życia i nowej szansy. Brakuje ich wiedzy, bo wyjechała cała masa ludzi wykształconych. Brakuje także ich głosów, bo trudno przypuszczać, by stanowili oni elektorat szaleńców i demagogów. Dzięki nim inaczej wyglądałyby wyniki wielu naszych wyborów. Na drugi taki upust krwi Polska, szczególnie teraz, gdy na dziesięciolecia rozstrzygają się jej losy cywilizacyjne, pozwolić sobie nie może. Czy taki *brain drain*, kolejny odpływ najlepszych, jest mało prawdopodobny? Według profesora Aleksandra Bursche z Uniwersytetu Warszawskiego jest bardzo prawdopodobny. Jego zdaniem może to być nawet drenaż mózgów na niespotykaną dotąd w Polsce skalę, masowy odpływ najzdolniejszej kadry naukowej we wszystkich dziedzinach. Jeśli nie obetnie się części wydatków, a zaoszczędzonych pieniędzy nie przeznaczy się na edukację i na naukę, wiele instytutów naukowych może spotkać los wielu kopalni. Najlepsi wyjadą, zostanie trzeci szereg i to on będzie stanowił nasze zaplecze intelektualne.

W tej chwili jesteśmy niekonkurencyjni w większości dziedzin nauki. Na naukę jest mało pieniędzy, a – na domiar złego – są one źle rozdzielane. Profesorowie biegają z uniwersytetu do kilku, a czasem kilkunastu szkół prywatnych, odfajkowując swoje i kompletując honoraria, które w sumie dają im w miarę przyzwoite pieniądze. Ale gdzie tu praca ze studentami? Gdzie wzmacniająca szkoły wyższe lojalność wobec tych uczelni? Trudno mieć zresztą do pracowników naukowych o takie postępowanie pretensje. Jeśli nie mają być zwariowanymi hobbystami, muszą się z czegoś utrzymać. Z pensji asystenta czy adiunkta utrzymać się zaś nie sposób. Problem w tym, że jeśli komuś znudzi się hobby i rozejrzy się wokół, stwierdzi, że nie ma sensu się męczyć w Polsce, skoro Europa czeka. A wtedy zamiast burzy mózgów będziemy mieć drenaż mózgów.

JAK GONILI INNI? JAK MAMY GONIĆ MY?

Nawet jeśli wylądujemy w europejskiej oślej ławce, jest całkiem prawdopodobne, że poziom rozwoju gospodarczego Polski będzie się jakoś zbliżał do unijnej średniej. No właśnie – jakoś. Pytanie: jak? Wyrównywanie się poziomów rozwoju następowało w przypadku wszystkich krajów, które wchodziły do Unii. Bardzo różne było jednak tempo tego zbliżania się do średniej. Wystarczy porównać drogi, jakie pokonały Grecja i Irlandia. Oba kraje dostały od Unii w ramach wsparcia o wiele więcej, niż dostanie Polska. Ale choć Irlandia dostała dużo już w latach siedemdziesiątych, naprawdę przyśpieszyła, zbliżając się do unijnej średniej, a potem znacznie ją wyprzedzając, dopiero w latach dziewięćdziesiątych. W Irlandii spadała inflacja. Panowała tam też stabilna sytuacja finansowa. Ale sukces osiągnięto dopiero po obcięciu wydatków o dziesięć procent. I dopiero po radykalnym ograniczeniu roli państwa w gospodarce. W Grecji stały wzrost gospodarczy okazał się niemożliwy. W latach osiemdziesiątych, jakby robiąc sobie na złość, kraj ten dokonał częściowej renacjonalizacji. Renacjonalizację obiecali Grekom populiści. Na nieszczęście Grecji i greckiego społeczeństwa, danego słowa dotrzymali.

Grecja albo Irlandia. Polska jest na rozdrożu i może pójść szlakiem wyznaczonym przez każdy z tych krajów. Odważne reformy, ograniczenie roli państwa w gospodarce, cięcia wydatków i podatków, a w efekcie szansa na dynamiczny rozwój, jak zrobiła Irlandia, albo podwyższanie podatków, wstrzymanie prywatyzacji, renacjonalizacja tego, co już sprywatyzowano, wzrost inflacji i ograniczenie niezależności banku centralnego, jak uczyniła Grecja. Wybór jest prosty. Albo za jakiś czas zostaniemy Irlandią, albo zostaniemy Grecją minus słońce (słońce zostanie u nas zastąpione przez samoopalacz, z którego tak chętnie korzysta przewodniczący Samoobrony, chyba nieświadomie proponujący nam grecką drogę do dobrobytu). Tą drogą za żadne skarby pójść nie możemy, bo oznaczałoby to, że wysiłek całego pokolenia Polaków legnie w gruzach, a pokolenie następne musiałoby nadganiać utracony czas i nadrabiać straty jeszcze większe niż te, które mamy do nadrobienia dzisiaj.

Po latach szybkiego rozwoju nasza gospodarka wyczerpała już wszystkie proste rezerwy. Bez dalszych reform nie będzie dalszego wzrostu. Trudów i wyrzeczeń było wiele, ale – nic na to się nie poradzi – to wciąż dopiero początek drogi. Musimy ciężko pracować, a na dodatek tego, co uda nam się wypracować, nie można przejeść. Tyle, ile się da, trzeba zainwestować w przyszłość. Pewnych praw rynkowej i społecznej natury żadną miarą się nie zmieni. Już John Stuart Mill twierdził, że dla rozwoju kraju kluczowa jest kultura, która sprawia, że ludzie rezygnują z konsumpcji na rzecz oszczędzania, akumulowania kapitału i inwestowania w przyszłość. Spośród narodów osiągających jednakową produkcję niektóre oszczędzają na bieżącej konsumpcji więcej niż inne. Jedne żyją dniem dzisiejszym, wierne zasadzie *carpe diem*. Inne inwestują w przyszłość. Na dłuższą metę wygrywają te drugie.

Co zrobić, by wygrać przyszłość? To nie jest czarna magia. Wystarczy zajrzeć do wielu raportów sporządzonych przez tych, którzy tworzą nowe miejsca pracy. Wystarczy choćby zerknąć na *Czarną listę barier dla przedsiębiorczości* opracowaną przez Polską Konfederację Pracodawców Prywatnych. Zawarte na tej liście postulaty są oczywiste. Trzeba ograniczyć fiskalizm, czyli zmniejszyć podatki, bo politycy myślący głównie o wygraniu następnych wyborów zwiększają podatki, by zgromadzone w ten sposób pieniądze wydać na świadczenia socjalne, a więc by w ten sposób kupić głosy. Trzeba ograniczyć, a najlepiej wyeliminować wyłudzanie rent i zasiłków. Trzeba zliberalizować prawo pracy, zaostrzyć kryteria przyznawania rent, świadczeń przedemerytalnych, zasiłków chorobowych i zwolnień lekarskich. Trzeba odpolitycznić rady nadzorcze spółek Skarbu Państwa, trzeba ograniczyć uprawnienia urzędników i dyskrecjonalność ich decyzji, trzeba obniżyć koszt rozpoczęcia działalności gospodarczej, i to ostatnie wcale nie jest drobiazgiem. W Ameryce firmę rejestruje się w kilka godzin. U nas w kilka tygodni. Skoro na takie marnotrawstwo ludzkiej energii nie może sobie pozwolić najbogatszy kraj na świecie, to tym bardziej nie może sobie na nie pozwolić Polska. To nie jest żaden liberalny program. To jest program racjonalny i uczciwy. Nie ma innego, jeśli chce się naprawdę pomóc ludziom, a nie ich oszukiwać. Nie ma innego, jeśli motywem działania jest rozwój, a nie zachowanie stołków przez zasiadających w licznych spółkach Skarbu Państwa krewnych i znajomych królika oraz pilnujących często wyłącznie swoich stołków związkowców. Nie ma innego, jeśli kiedyś chcemy podzielić jakieś bogactwo, a nie wciąż dzielić to, co po latach marnotrawstwa i stagnacji jeszcze zostało do podzielenia. Albo zostawimy gospodarkę politykom i różnym ich znajomkom, którzy – jak o swym PSL-owskim koledze powiedział były minister skarbu Wiesław Kaczmarek – chcą „popróbować swych sił w biznesie", albo pozwolimy spróbować sił ludziom, którzy naprawdę mają o niej pojęcie. Coś jest przecież nie tak, skoro państwo jest w Polsce właścicielem pakietów kontrolnych lub większościowych udziałów w blisko trzech tysiącach firm wartych siedemnaście procent PKB, podczas gdy w Czechach jest to dwieście firm wartych pięć procent PKB, a na Węgrzech dwieście firm wartych sześć procent. Polska jest większa niż oba te kraje, ale nie aż tak wielka, by nie zauważyć tej chorej dysproporcji.

Za chwilę Polska zagra na wielkim boisku. Czterysta pięćdziesiąt milionów kibiców-konsumentów. Albo wejdziemy na drogę szybkiego rozwoju, albo będziemy się kręcić wokół własnego ogona. Albo Irlandia, albo Grecja. Minus słońce. Oczywiście.

MY I PAŃSTWO

Rzeczpospolita to postaw czerwonego sukna, za które ciągną Szwedzi, Chmielnicki, Hiperborejczykowie, Tatarzy, elektor i kto żyw naokoło. A my z księciem wojewodą wileńskim powiedzieliśmy sobie, że z tego sukna musi się i nam tyle zostać w ręku, aby na płaszcz wystarczyło (...)

Bogusław Radziwiłł w *Potopie* Henryka Sienkiewicza

PAŃSTWO

Państwo. Nie, to słowo nie jest sexy. Słowo „Polska"
brzmi w naszych uszach dobrze, ale „państwo"? Państwowa instytucja, państwowa telewizja, państwowa in-
spekcja, upaństwowienie. Jakoś źle nam się to wszystko
kojarzy. Może „państwowiec" lepiej, ale słowo wyszło
z użycia. A przecież to, o co walczyły pokolenia Polaków, to właśnie własne państwo. To, co mamy i za co
powinniśmy być wdzięczni, to nasze państwo. Tylko jak
ludzie mają być wdzięczni za coś, czego nie lubią?
Owszem, czasem, a nawet często je wykorzystują, ale przecież go nie lubią. Nie szanuje się czegoś, co się wykorzystuje. Raczej się tym czymś gardzi.

Czymże jest państwo? Instrumentem realizacji dobra
wspólnego, brzmiałaby mądra definicja. A tak po prostu? Jest samo w sobie wspólnym dobrem. Czy Polska
jest wspólnym dobrem? Jest, oczywiście. Czy za wspólne
dobro jest uważana? Oczywiście, że nie. Nie, bo nasze
państwo wciąż jest jak sienkiewiczowski postaw czerwonego sukna, z którego każdy wyrywa, ile chce i ile
może. Urwać dla siebie przywileje, ulgi, dopłaty, do
których będą dopłacali, kto? Współobywatele? Nie, jacyś inni. Czy, oglądając obrady Sejmu, mamy wrażenie,
że w tym wszystkim o Polskę idzie? Niektórym oczy-

wiście tak, ale czy większości? Czy zasiadający tam przedstawiciele narodu mają poczucie, że oni są dla Polski, czy raczej, że Polska jest dla nich? Nie wiem tego na pewno, ale mam swoje podejrzenia, bo obserwuję ich od lat. Coś mi się wydaje, że raczej idzie o to „kto kogo", „my czy oni". Ale jest jaskółka. Oto o pośle Rokicie mówi się ostatnio: państwowiec. Świetnie. Pytanie tylko, do jakiej degrengolady doszło w naszej polityce, że to słowo stało się jakąś specjalną kwalifikacją, oddzielającą jednostkę od reszty. Jasne, nie przesadzajmy, pod sejmowym sufitem jaskółek jest wiele. Jeśli w ciągu kilkunastu lat udało nam się tak wiele, to dzięki bardzo wielu posłom i senatorom, którzy wykonali wielką i dobrą pracę, a których nazwisk najczęściej nie znamy. Jasne, obrazu nie powinny nam przesłaniać biało-czerwone krawaty i bezmyślne twarze części posłów. Idzie tylko o to, że jak na świątynię polskiej demokracji, ta „część" jest zdecydowanie za duża.

Ale nie zrzucajmy całej winy na złych polityków. Czyż, patrząc na nich, nie widzimy samych siebie? „Macie takiego prezydenta, na jakiego zasługujecie", powiedział były prezydent. Mamy takiego prezydenta, na jakiego zasługujemy. I takiego premiera, i taki rząd, i taki Sejm, i taki samorząd. Choć czasem, patrząc na rządzących, myśli człowiek, że aż tak źle z nami wszystkimi chyba nie jest.

Jak to jest z tym naszym stosunkiem do państwa? Jak je postrzegamy, jak i czy w ogóle je szanujemy? I jak to jest z samym państwem? Jak ono funkcjonuje? Pomaga nam i sprzyja naszej pracy czy poukładane jest tak, że co chwilę czujemy, jakby ktoś podkładał nam nogę? Autorytet państwa? Pisał prawie dziesięć lat temu Andrzej Szczypiorski: „Co to takiego jest u diabła, w kraju, gdzie nikt nikogo nie szanuje, nikt nikomu dobrze nie życzy, podstawianie nogi jest rzeczą banalną, a wsparcie bliź-

124

niego w kłopocie jest aktem niemal heroicznym. Co to takiego jest autorytet państwa, kiedy się myśli nade wszystko o własnym interesie, kiedy znajomy znaczy więcej niż naród, a własna partia więcej niż państwo". Wiele się przez tę dekadę nie zmieniło. A może nawet zmieniło się na gorsze.

Dziś można często w Polsce odnieść wrażenie, że to, co naprawdę ma u nas sens, dzieje się raczej poza polityką. Trudno się dziwić, skoro władza coraz częściej utożsamiana jest ze żłobem. Tadeuszowi Mazowieckiemu można zarzucić brak wyobraźni, który nie pozwolił mu dostrzec potrzeby politycznego przyśpieszenia i przeprowadzić go w 1990 roku, ale przyzwoitości nikt mu nie odmówi. To on zakazał wyższym urzędnikom posiadania udziałów w spółkach. To on chciał w Polsce stworzyć służbę cywilną, kadrę służących nie partii czy partiom, a państwu właśnie, państwowych urzędników. I co się stało z tą służbą? Owszem, była ustawa, owszem powstała nawet odpowiednia wyższa szkoła, owszem szkoła wyprodukowała całe roczniki dobrych urzędników. I co? Niewiele. Bo tacy profesjonaliści już od ponad dziesięciu lat kolejnym ekipom często przeszkadzają. Po co SLD czy AWS-owi profesjonalni urzędnicy, jak trzeba było dać stanowiska swoim? Przewodniczący związku i sklejacz AWS-u nawet nie ukrywał, że jego ludzie idą po władzę i cztery tysiące posad. Przewodniczący partii, która szła po władzę, by AWS zastąpić, tego nie mówił. Był na to zbyt ostrożny.

Po co komu profesjonalni urzędnicy? Żeby patrzyli nieprofesjonalnym mianowańcom na ręce? Na szczęście nie wszystkich uczciwych udało się wyrugować. Próbkę naszego stanu urzędniczego mieliśmy przed sejmową komisją śledczą. Widzieliśmy panią Sokołowską i niewydarzonego młodzieńca, który robił wszystko, co mu kazali, jeśli nawet to, co mu kazali, miało umiarkowany związek z prawem. Widzieliśmy jednak także solidnych, uczciwych urzędników państwowych, traktujących poważnie państwo, prawo i swoją pracę. Znowu, ludzie są, byłoby na czym budować, nie trzeba zaczynać od zera. Wystarczy dostrzec to, co jest, nobilitować to, docenić, uszanować. Ale obok urzędników, którzy są godnymi pracownikami służby cywilnej III RP, mamy też hordy amatorów i funkcjonariuszy służb specjalnych z politycznego nadania przeprowadzających rugi prawdziwych fachowców. Wzmocniona i doceniona kadra dobrych urzędników państwowych szalenie wzmocniłaby szacunek ludzi dla słowa „państwo". Tylko wcześniej nasze państwo trzeba by odpartyjnić, aby partia, nieważne, ta czy tamta, nie była dla rządzących ważniejsza niż państwo. Na razie w Polsce często jest jak za PRL-u. Partia kieruje, a rząd rządzi – stosunek podległości jest oczywisty.

Komunizm trwał w Polsce od wojny. PRL formalnie od dwudziestego drugiego lipca 1952 roku, gdy przyjęto stalinowską konstytucję, do trzydziestego pierwszego grudnia 1989 roku, gdy użyte w konstytucji w różnych przypadkach słowa „Polska Rzeczpospolita Ludowa" zastąpiono prostymi, swojskimi – „Rzeczpospolita Polska". Tak to skończyło się półpaństwo, w którym podział władzy był fikcją, gdzie państwem w państwie była i gdzie państwem rządziła partia, gdzie partia wydawała nawet wyroki w sądach. Ale po, jak to określił profesor Bronisław Łagowski, populistycznej dyktaturze generała Jaruzelskiego nie nastało sprawne, prawdziwie demokratyczne, naprawdę służące obywatelom nowe państwo. Mamy zamiast tego słabe państwo ze słabymi instytucjami, z – można to stwierdzić, obserwując wiele działań prokuratury – często wątpliwym podziałem władzy. Mamy, jak mawia może z przesadą, ale nie straszliwą przesadą, profesor Ireneusz Krzemiński

126

– PRL, tylko z wyborami. Ma nasza demokracja wszystkie wady demokracji zachodnich i bardzo niewiele ich walorów. W PRL-u mieliśmy państwo totalne, które kontrolowało wszystkie sfery życia i życie każdego – od urodzenia do śmierci. Każdy mógł sobie powiedzieć, że skoro odniósł sukces, to jego zasługa. Każdy mógł sobie powiedzieć, że jeśli poniósł porażkę, to winne jest państwo. Stąd między innymi postawy roszczeniowe, stąd opisywana jeszcze w latach osiemdziesiątych, a wciąż obecna, gdzieniegdzie wszechobecna, wyuczona bezradność, stąd próby ułożenia się z systemem, wejścia w układ. Tyle że kiedyś dzięki układowi załatwiało się przydział na mieszkanie czy na samochód, teraz zaś dzięki układowi można zrobić – jak się dziś mówi – biznes, *deal* albo przewał. W PRL-u mieliśmy patrzenie na państwo jak na wroga i nobilitację cwaniactwa. Cwaniactwo wciąż się opłaca, a państwo wydaje się wielu wrogiem nie tylko w dniu rozliczania się z fiskusem. Wolność z kolei często rozumiana jest jako nieograniczone niczym, a już najmniej poczuciem przyzwoitości, prawo ekspresji żądań, roszczeń i interesów. Interesów bardziej własnych niż ogólnych.

Mamy w Polsce miliony Ludwików XIV, mówiących: „Państwo to ja". Traktowanie państwa jak dojnej krowy stało się niemal normą społeczną. Nie ma dla takiej postawy żadnego usprawiedliwienia, ale zrozumieć ją nietrudno. Ludzie dzień w dzień oglądają przecież, jak z powodzeniem postępują tak politycy partii włościańskiej i członkowie klubu parlamentarnego ukrywający się za immunitetem przed wyrokami i egzekucją długów oraz wielu, wielu innych. W ostatniej dekadzie przyjęto w Polsce kilka tysięcy ustaw, ale jednocześnie następowała w naszym kraju erozja prawa i elementarnych zasad. Oddziały Leppera nagminnie łamią prawo. Co na to państwo? Prawicowy premier udaje, że nie ma blokad.

Sklejacz prawicy i lider AWS-u apeluje do sądów, by były dla blokujących łaskawe (polityk apelujący do sądów – już to samo w sobie jest jakąś potworną bolszewią, choć fakt, w bolszewii by nie blokowali, a do sądu by zadzwonili, że: wiecie towarzysze, z tymi wichrzycielami trzeba ostro, sami wiecie, co robić), policjanci udają, że nic nie widzą, gdy tłum próbuje zlinczować jakiegoś dyrektora, a minister spraw wewnętrznych mówi do policjantów, by byli wrażliwi społecznie. Władza od ludu, dla ludu, w imię ludu. O jakim autorytecie państwa można mówić, gdy święty spokój jest ważniejszy niż prawo, gdy prawa krzykacza są ważniejsze niż prawa milionów ciężko pracujących ludzi, którzy do blokad i protestów nie mają głowy albo nie mają na nie czasu? Milcząca większość przegrywa. I będzie przegrywała, chyba że przestanie milczeć.

JAKIE PAŃSTWO

Chcemy się ścigać z najlepszymi. Gonić ich. Chcemy być drugą Hiszpanią, z jej zgrabnym przejściem od dyktatury do demokracji i szybkim wykorzystaniem szans, jakie daje Unia Europejska. Chcemy być drugą Irlandią. Kiedyś Irlandia była biedna i produkowała głównie emigrantów. Teraz pod względem dochodu na głowę mieszkańca przegoniła Francję i Wielką Brytanię, a dogania Niemcy. Chcemy pójść tą samą drogą w tym samym tempie. „Kocham cię jak Irlandię", śpiewa jeden z naszych muzyków. Irlandii nie trzeba nawet kochać. Trzeba ją naśladować. Ruszyła ona naprzód, gdy państwo to zajęło właściwe miejsce w Europie i nabrało pożądanego kształtu. Gdy zaczęło być przyjazne obywatelom, tanie i gdy było go mniej. Mniej – nie znaczy, że było słabsze. Przeciwnie, było silniejsze i sprawniejsze, bo pozbawione sadła.

Przyszłość państwa, banał, zależy od jego polityki. Od jego stabilności. Od polityki makroekonomicznej. Od podatków. Od infrastruktury. Od sprawności urzędów. Od, podsumowując, jego siły. Ale od siły – nie znaczy od omnipotencji i wszechwładzy. U nas państwa jest raczej za dużo niż za mało. Za mało jest wolności, choćby gospodarczej. Takiej, która pozwala odważnym i utalentowanym stanąć w blokach i ruszyć po sukces, a nie poruszać się – z całym szacunkiem dla naszego mistrza olimpijskiego – jak w chodzie sportowym, gdy zerka się, czy sędzia nie stracił humoru i nie podniósł chorągiewki, eliminując nas z wyścigu. Demokracja? Świetnie, ale co zrobić, gdy w kolejnych wyborach wśród zwycięzców jest coraz więcej łajdaków, demagogów, głupców i złodziei, a może i małych dyktatorków, co chcieliby demokrację udusić? Nie po to nawet, by dać ludziom wolność gospodarczą, ale po to, by udusić ją razem z demokracją. Nasza demokracja jest coraz bardziej antyliberalna, nasza wolność, szczególnie wolność gospodarcza, coraz bardziej reglamentowana. Nasza demokracja staje się antyliberalna tak szybko, że coraz częściej pada pytanie, czy liberalna autokracja nie byłaby lepsza niż antyliberalna demokracja. Nie ma co wylewać dziecka z kąpielą. Jeśli nasza demokracja wygląda jak „ósemka" w rowerze, to trzeba wyprostować scentrowane koło, a nie wyrzucać rower na śmietnik. Trzeba jednak pamiętać, że nie ma związku między demokracją a wzrostem gospodarczym. Jest związek między wzrostem gospodarczym a tym, jaka jest gospodarka i ile wolności zapewnia ludziom system. Kraje zachodnie są bogate, bo był i jest w nich kapitalizm, a niekoniecznie demokracja. Kapitalizm bez demokracji można sobie wyobrazić. Demokracja bez kapitalizmu może zniknąć, a w każdym razie stać się fikcją.

Problemem Polski nie jest niedostatek państwa, ale państwo kulawe, niesprawne i namolne, wciskające się tam, gdzie nie powinno. To nie jest zresztą tak, że mamy kulawe państwo i niedostatek wolności gospodarczej, ale wolność polityczna jest nieograniczona. Nie. Istnieje nierozerwalny związek między tymi rodzajami wolności. Kiedy kapitalizm przechodzi pod kontrolę państwa, przestaje być kapitalizmem. Nie ma prawdziwej gospodarki rynkowej. Wszystkim rządzi państwo. I sobiepaństwo. U nas państwo szantażystów (albo z nami, albo won) kontroluje coraz większe obszary życia. Paradoksalnie pozwala sobie na taką ekspansję także dlatego, że pragnie tego duża część ludzi. Oczekują oni, że państwo rozwiąże za nich ich problemy. Nie rozwiąże, stworzy co najwyżej iluzję, że je rozwiązuje, a po drodze jak ośmiornica połknie następny kąsek. Cały gospodarczy pomysł na gospodarkę naszych etatystów-socjalistów polega na tym, by jak najwięcej pieniędzy skonfiskować tym, którzy je zarabiają i oszczędzają, i przekazać je politykom w Warszawie. Oni przecież lepiej niż zwykli ludzie wiedzą, czego zwykłym ludziom potrzeba. A jak mają więcej pieniędzy, to mają więcej do podziału, czyli mają większą władzę. Zamiast zachęcać ludzi, by ciężej pracowali, by podejmowali ryzyko, by czasem stawiali wszystko na jedną kartę, czyni się z nich życiowych klientów państwa, od państwa uzależnionych i na państwo skazanych. Etatyści-socjaliści (do tej „partii" należy bardzo wielu polityków SLD i byłego AWS-u, większość PSL-u i cała Samoobrona) mają nadzieję, że jak największa grupa Polaków będzie zależała od budżetu, bo wtedy będą oni zakładnikami tych, którzy o budżecie decydują. Państwo poszerza swoje wpływy, przekonując przy okazji ludzi, by polegali nie na sobie, ale na nim.

To nie jest tylko problem Polski. I to nie jest jakiś nowy problem. O roli państwa, o tym, „ile państwa", pisano od stuleci. Już wieki temu wielu odrzucało wizję państwa zbyt „wścibskiego", uznając je za zagrożenie dla wolności. Adam Smith w pisanych pod koniec osiemnastego wieku *Badaniach nad naturą i przyczynami bogactwa narodów* twierdził, że społeczeństwa równie zamożne w bogactwa naturalne mogą osiągnąć zupełnie różny poziom rozwoju. Klucz do bogactwa narodów tkwi według niego w ludzkiej kreatywności. Smith był zdania, że wspólnemu dobru najlepiej służy rynek, rynek tak wolny, jak to możliwe, od kontroli państwa i rządu. Tylko w takim systemie wyzwolone są, jego zdaniem, inteligencja, wyobraźnia i przedsiębiorczość jednostek. Demokratyczny kapitalizm cierpi w warunkach tyranii, szczególnie tyranii państwowej. Cierpi wskutek małości i przeciętności, będących dziećmi narzuconej równości. Od razu trzeba głośno zakrzyknąć, że negatywnie o państwowych przerostach mówili nie tylko konserwatysta i liberał od „niewidzialnej ręki rynku". Papież Jan XXIII pisał w encyklice *Mater et magistra*, że „interwencja gospodarcza państwa, choćby była bardzo szeroko zakrojona i docierała do najmniejszych nawet komórek społecznych, powinna być tak wykonywana, by nie tylko nie hamowała działań osób prywatnych, lecz przeciwnie, by je wzmacniała, jeśli tylko zachowane są całkowicie podstawowe prawa każdej osoby ludzkiej". Nie idzie więc o służący nielicznym dziki liberalizm. Idzie o system, w którym, nie zapominając o potrzebujących, słabszych, tych z budżetówki i wszystkich innych na państwowym garnuszku, daje się prawdziwą szansę tym, co chcą tworzyć firmy, zatrudniać ludzi i płacić podatki.

Jeśli chcemy osiągnąć prawdziwy sukces, musimy uniemożliwić państwu przeszkadzanie obywatelom. Państwo ma rozwiązywać problemy naprawdę potrzebujących.

Wszystkim, którzy są w stanie iść o własnych siłach, ma jedynie pomagać w osiągnięciu celów, jakie sami sobie stawiają i jakie sami potrafią osiągnąć. Nie musimy być – wbrew temu, co zdają się sugerować niektórzy chcący nas „wziąć w obronę" politycy – społeczeństwem nierobów i nieudaczników, zdanych na państwo. Zbyt wiele jest pozytywnych przykładów, by nie wątpić w to, że moglibyśmy być mądrym narodem, potrafiącym stawić czoło wielkim trudnościom w trudnych czasach.

STAN PAŃSTWA

Amerykańscy prezydenci w styczniu każdego roku wygłaszają w Kongresie orędzie o stanie państwa. Czasem jest dłuższe, czasem krótsze, ale zawsze zawiera formułkę typu *„The state of the Union is good"* – stan państwa jest dobry. A jaki jest stan naszego państwa? Lepszy niż piętnaście lat temu, ale gorszy niż był kilka lat temu. Krok po kroku następuje degrengolada. We wrześniu 1993 roku, dwa tygodnie przed wyborami parlamentarnymi wygranymi przez SLD i PSL, Aleksander Smolar napisał w „Gazecie Wyborczej" artykuł *Co będzie, jeśli wygra SLD*. Czytamy w nim: „Pragnę skłonić do refleksji wyborców, którzy gotowi są dziś głosować na SLD i PSL. (...) Ci wyborcy powinni sobie zdać sprawę z granic racjonalnego protestu". Głosowanie na te partie miało być protestem nieracjonalnym, bo groźnym w skutkach. Czyż SLD nie zechce zawrócić naszej łodzi? Czy nie pójdziemy na Wschód albo do jakiejś dziwnej międzystrefy, akurat, gdy powinniśmy maszerować w stronę NATO? Czy nie zaprzepaścimy skutków reformy gospodarczej? Dziś widać, że najgorsze obawy były nieuzasadnione, ale pamiętam, że moment po wyborach moi znajomi mieli nietęgie miny. Panowało przekonanie, że dojdzie do demontażu tego, co udało się zbudować

132

po 1989 roku. Nic tragicznego jednak się nie stało i działacze SLD mogli drwić: miała być katastrofa i nie ma żadnej katastrofy. Tak ocenili to chyba zapewne także wyborcy, skoro dwa lata później reprezentant *ancien régime* wprowadził się do Pałacu Prezydenckiego. Wtedy też niektórzy bali się dramatu. Jan Nowak-Jeziorański zastanawiał się, czy w sytuacji, gdy cała władza – rad nierad – znajdzie się w rękach postkomunistów, nie stanie się fikcją trójpodział władzy. Nie stał się. Uchwalono nawet nową konstytucję, gospodarka rosła, a ludzie żyli dostatniej. Ale właśnie wtedy, w latach 1993 i 1994, zaczęło się w państwie polskim coś, czego zgubne skutki widzimy dzisiaj. Mozolnie, powoli, ale metodycznie zaczęto u nas budować nie gospodarkę rynkową, ale kapitalizm dla niektórych, wybranych, kapitalizm państwowy, zwany też kapitalizmem politycznym albo kapitalizmem kolesiów.

W 1994 roku, dziesięć miesięcy po przejęciu władzy przez koalicję SLD – PSL, Jan Szomburg pisał w „Przeglądzie Politycznym", że jej roczne rządy zdają się realizować właśnie wizję kapitalizmu państwowo-politycznego. Warto to przeczytać i docenić autora. To nie analiza sytuacji. To niemal prorocza wizja. „Realizacja tego kursu [w który, nawiasem mówiąc, świetnie wpisała się AWS – T.L.] w średnim okresie podetnie mikroekonomiczne korzyści wzrostu gospodarczego, które zbudowane zostały w czasie czterech lat realizacji liberalnego kapitalizmu. Rozwinie się niezdrowy podział gospodarki na dużych – stanowiących klientelę władzy politycznej, i małych – operujących w bardzo dużym stopniu w szarej strefie. Wielkie problemy restrukturyzacyjne (rolnictwo, górnictwo, hutnictwo) nie tylko nie zostaną rozwiązane, ale pojawią się nowe. (...) Model kapitalizmu państwowego musi być korupcjogenny z punktu widzenia budowania nowego morale, morale demokratycznego

133

kapitalizmu. Dla sprawności modelu kapitalizmu państwowego nie ma u nas naturalnego podglebia, takiego jak we Francji z jej etatystycznie zorientowaną kulturą, tradycją, szkolnictwem. Polskie tradycje sytuują państwo jako coś obcego, z czym się gra w celu jego oszukania, bez odczucia moralnego dyskomfortu z tego powodu".

W tym punkcie jesteśmy prawie dziesięć lat później. Stało się tak, jak przewidywała też Jadwiga Staniszkis. Mówiła ona, że tylko formuła kapitalizmu politycznego gwarantuje dawnej, szeroko rozumianej nomenklaturze przetrwanie układów i hierarchii. I w dużym stopniu zagwarantował. Mieliśmy w Polsce, inaczej niż w Hiszpanii, najpierw demokrację, a dopiero później kapitalizm. Ci, którzy przejęli władzę, skroili więc kapitalizm na swoją miarę. Ci, co stali dobrze w polityce, weszli w biznes. Ten biznes z kolei był zależny od innych polityków, dla których było to źródło dodatkowej władzy, a często i pieniędzy.

JAK JEST W PRAKTYCE ?

Jak jest w praktyce? Korupcja. Wszędzie korupcja. To jeden ze skutków wszechobecności państwa. Bo państwo chce być wszechwładne, chce, by los ludzi zależał od niego. Stąd cały system dotacji, zezwoleń, koncesji, kontyngentów, ulg, zwolnień i limitów. Im więcej ich, tym większa władza urzędnika. Im więcej może urzędnik, tym więcej może państwo, tym częściej uzależniony od państwa i urzędnika obywatel musi płacić, by dostać coś, co mu się po prostu należy. A jest u nas już trzysta tysięcy urzędników, z czego cała masa z polityczno-towarzyskiego nadania, bo służba cywilna została ośmieszona. Urzędników nie przez przypadek jest zresztą coraz więcej. Jeszcze w 1989 roku było u nas czterdzieści

134

dziewięć tysięcy urzędników wysokiego szczebla. Teraz jest ich sto pięćdziesiąt tysięcy. Sprawne państwo potrzebuje sprawnych, kompetentnych urzędników, ale zapotrzebowanie nie jest chyba aż tak ogromne, by uzasadnić taki wzrost, prawda? Korupcji służy wielka wciąż liczba spółek Skarbu Państwa. To one bardzo często umożliwiają niekontrolowany wypływ publicznych pieniędzy. Do prywatnych kieszeni. Lewe zamówienia, lewe faktury, fikcyjne zlecenia dawane firmom rodziny i znajomych, wreszcie wypłacane im często horrendalne honoraria. Dlatego jak najszybciej musimy sprywatyzować, co się da, tak szybko, jak się da, oczywiście za najlepszą cenę, za jaką się da.

O tym, jak mocne, niemal wszechmocne jest państwo, może się przekonać każdy, kto chce założyć firmę. W Ameryce może to zrobić nawet ktoś, kto jest tam nielegalnie. U nas założenie firmy, a więc tworzenie miejsc pracy, a więc dostarczanie państwu pieniędzy z podatków, jest traktowane, jakby było nie prawem, lecz przywilejem. Kraj uprzywilejowanych – zebranie wszystkich papierów i pieczątek zajmuje przynajmniej miesiąc. Ale nie ma co narzekać. Mogłoby być gorzej. Na takiej Białorusi stolarz zakładający legalną firmę musi zebrać podpisy siedemdziesięciu urzędników. Trwa to jakieś pół roku. Reguła jest prosta. Im większa uznaniowość, tym większa korupcja, tu, w Polsce, jest tak samo jak na Białorusi. Obywatelowi nie może się przecież przewrócić w głowie. A jak założył firmę, to niech sobie nie myśli, że będzie już z górki. Nic takiego. Ktoś i coś musi przecież uzasadnić istnienie setek tysięcy urzędników. Według raportu Banku Światowego na wizyty w urzędach i rozliczanie się z fiskusem oraz obronę przed rozmaitymi kontrolami przedsiębiorcy poświęcają w Polsce trzydzieści osiem dni w roku. Krótko mówiąc, grubo ponad dziesięć procent swojego czasu tracą na robotę papierkową. Na coś takiego może sobie pozwolić tylko bardzo bogate państwo. Tym, którzy chcą coś zrobić, rzuca się więc kłody pod nogi, i to w tym samym czasie, gdy błyskawicznie rośnie liczba ludzi na garnuszku państwa. Efekt – coraz mniej ludzi w coraz trudniejszych warunkach pracuje na coraz więcej ludzi. Bo ludzie płacą składki, jakie płacą, a świadczenia biorą coraz dłużej i częściej, bo jest wyż demograficzny i bezrobocie, bo masa ludzi ma renty inwalidzkie załatwione na lewo. Pomoc, którą w normalnym państwie powinni dostawać biedni i chorzy, u nas bardzo często dostają chorzy, ale bogaci, biedni, ale zdrowi, a nawet bogaci i zdrowi. Jednocześnie mamy najniższe procentowo w Europie wydatki na oświatę, a bez pieniędzy na ich zwiększenie cywilizacyjnie nigdy nie zrobimy wielkiego skoku.

Wydatki, których nikt nie ma odwagi ciąć, i decyzje, których nikt nie ma odwagi podjąć. Niesprawne i wszechwładne państwo. Wszechobecna korupcja. Dlaczego ktoś utrzymuje taki system? Bo jest on niezbędny, by móc realizować zasadę TKM. Jakby wszystko było postawione na nogi, to pieniądze nie mogłyby wyciekać bokiem, a w każdym razie byłoby to o wiele trudniejsze, niż jest teraz. Wielu musiałoby dojść do wniosku, że nie ma sensu zostawać politykiem. A tak, czyta człowiek imponujące oświadczenia majątkowe ludzi, którzy z ministerialnych pensji i poselskich diet budują piękne domy i kupują wielkie działki. Władza się sama wyżywi, można by powiedzieć, parafrazując Urbana. Wystarczy utrzymać system, w którym najważniejsze są „więzi nieformalne". Stworzenie określonego systemu musiało dać określone efekty. I dało. Rezultat jest oczywisty. Tysiące, dziesiątki tysięcy urzędników dbających głównie o interes swój i swej partii. Niejasne, a w zasadzie jasne reguły gry. O tak funkcjonującym państwie pisał już Monteskiusz, przekonując, że „w takim państwie władza jest zawsze chwiejna od najniższego urzędnika do samego centrum. Jeśli wola rządzącego zastępuje prawo, to nawet gdy rządy sprawuje mądry człowiek, czym ma się kierować jego podwładny? On też będzie się kierował swą własną wolą". I kieruje się. Według Transparency International w rankingu poziomu korupcji Polska jest coraz wyżej. Przed nami wciąż są Rumunia, Ukraina i Rosja, ale może i je prześcigniemy. Według Europejskiego Banku Odbudowy i Rozwoju co trzecia firma płaci w Polsce łapówki, by uzyskać ulgę podatkową albo odroczenie spłaty długu.

Już ponad dziesięć lat trwa u nas zacieranie różnic między tym, co państwowe, a tym, co publiczne, tym, co prywatne, a tym, co partyjne. Zamiast budowy prawdziwej gospodarki rynkowej, w której wszyscy mają równy start i równe szanse na sukces, mamy budowanie kapitalizmu politycznego, rozkład państwa i rozkradanie Polski. Mamy wielkich oligarchów, najczęściej jak pijawki przyssanych do państwowego majątku, na którym żerują. Czy naprawdę nie może się bez nich odbyć żadna wielka prywatyzacja? Naprawdę prawo trzeba tworzyć już nawet nie pod ich wpływem, ale wprost pod nich? Może tak. Skądś musi się wziąć kasa na następną kampanię wyborczą, kasa musi wypływać bokiem, zostało się przecież politykiem, a nie frajerem. Przy tak funkcjonującym państwie będziemy w Europie skazani na oślą ławkę. Instytucje europejskie wymuszą jakieś zmiany, ale tego, co najważniejsze, nie zrobią za nas. W końcu siła Polski jest w naszym interesie, a nie w ich interesie.

PODZIAŁY WŁADZ

Prezydent Kwaśniewski zapowiada, że być może po zakończeniu kadencji weźmie się do pracy nad zmianami w konstytucji. Wątpliwe, czy da się je łatwo przeforsować. Ale zmiany są niezbędne. Powinny się zacząć od zapisów dotyczących władzy wykonawczej, prezydenta w szczególności. Nasza konstytucja wygląda tak, jakbyśmy zerkali to na Amerykę, to na Wielką Brytanię i Niemcy i w efekcie usiedli okrakiem. Mamy system ni to prezydencki, ni to kanclerski. Prezydent sam z siebie może głównie podpisywać nominacje profesorskie albo sędziowskie, może też rządowi tak wsadzić kij w szprychy, że rządowy rower nie pojedzie. Premier ma bardzo mocną pozycję i widać, jak trudno go usunąć, ale w każdej chwili może zostać zakładnikiem woli prezydenta. Z Aleksandrem Kwaśniewskim dało się pracować i ekipie Oleksego (króciutko), i ekipie Cimoszewicza, i ekipie Buzka, i ekipie Millera. Czasem prezydent wetował ustawy, których wetować nie powinien (obniżka podatku dochodowego), czasem podpisywał te, które powinien zawetować (pogarszająca system wyborczy bardziej proporcjonalna ordynacja), ale w sumie współpraca była – jak na pułapki takiego systemu – bezszelestna. Tylko że za chwilę prezydentem może być ktoś inny i możemy mieć takie *cohabitation*, że kamień na kamieniu nie zostanie. We Francji Jacques Chirac dobrze współpracuje z premierem Raffarinem, ale gdy premierem był Lionel Jospin, masa energii obu panów szła na nieustanne wojny podjazdowe. Było już tak źle, że francuski system sami Francuzi uznali za dysfunkcjonalny. Ogłaszano już nawet pogrzeb V Republiki. Jeśli przeżyła, to wyłącznie dlatego, że prawica wygrała wybory i prezydenckie, i parlamentarne. W 2005 roku prawdopodobnie będziemy mieli w Polsce wybory prezydenckie i parlamentarne. I już na horyzoncie widać wielki klincz. W którymś momencie trzeba będzie podjąć decyzję. Albo chcemy mieć prezydenta takiego jak Amerykanie. Albo premiera takiego jak Brytyjczycy. System brytyjski wydaje mi się lepszy, ale z pewnością oba są lepsze niż ten, który mamy dziś w Polsce. Od kontrolowania władzy wykonawczej są w normalnym układzie władza ustawodawcza i sądownicza, a nie druga część władzy wykonawczej. Inaczej dochodzi do ponadnormatywnej rywalizacji ambicji, egoizmów i egotyzmów.

Jak już wyjdziemy na prostą i skończymy ze schizofrenią w łonie władzy wykonawczej, będziemy musieli zmienić prawo wyborcze. Na razie jest ono skrojone tak, by pasowało do gabarytów (aktualnych) polityków sprawujących władzę. Mieliśmy zupełnie kuriozalną ordynację czysto proporcjonalną i zupełnie słusznie zmieniliśmy ją, dodając próg wyborczy i premię dla najsilniejszych. Ale gdy AWS zaczął słabować w sondażach, ordynację zmieniono na bardziej proporcjonalną, którą prezydent – akurat w tamtym momencie wbrew interesom SLD – moim zdaniem błędnie, podpisał. Zamiast więc mieć prawo coraz lepsze, mamy prawo gorsze, niż mieliśmy. Jeśli system większościowy mają i Ameryka, i Wielka Brytania, a Niemcy mają system mieszany, większościowo-proporcjonalny, to może i Polsce choćby taki mieszany system by nie zaszkodził. Ordynację proporcjonalną miała Republika Weimarska, przeciw czemu protestował Max Weber, mówiąc, że taka ordynacja daje zbyt dużą władzę partiom i partyjnym notablom, że utrudnia pojawienie się prawdziwych przywódców, a ułatwia zadanie populistom. Miał rację, o czym świat przekonał się dość boleśnie.

Potrzebujemy ordynacji większościowej i jednomandatowych okręgów wyborczych. Dzięki takim okręgom system partyjny w naturalny sposób zmierza do dwupartyjnego. W przypadku ordynacji proporcjonalnej w parlamencie jest zwykle pięć partii, a więc niezbędne są koalicje, a więc w perspektywie nieuniknione są kłótnie, a więc w perspektywie nieuniknione są rządy mniejszościowe. Tak było za rządów AWS-u, tak jest za rządów SLD. Najwyraźniej to prawidłowość. Jednomandatowe okręgi wyborcze dałyby szansę na pojawienie się nowych partii i nowych ludzi. Bez tego system sprawia wrażenie, jakby wszyscy na scenie byli zainteresowani głównie tym, by nie wszedł na nią ktoś nowy. Czy JOW to wspaniałe lekarstwo na polskie kłopoty? Czy uratują Polskę przed korupcją? Pewnie nie, skoro istnieją we Francji czy w Japonii, gdzie korupcja ma się świetnie. Także przy jednomandatowych okręgach centrale partyjne mają do powiedzenia bardzo dużo i – tak jak w systemach proporcjonalnych – korzystają z okazji, by dyscyplinować wychodzących z szeregu posłów. Z drugiej strony, dzięki jednomandatowym okręgom i wyborom w dwóch turach łatwo jest wyeliminować ekstrema, tak jak we Francji, gdzie partia Le Pena wylądowała poza parlamentem, choć jej lider kilka miesięcy wcześniej zdobył w wyborach ponad szesnaście procent głosów. Prawo wyborcze powinno się zmieniać na lepsze, choć zgoda, politycy nie staną się dzięki niemu superodpowiedzialni, nie staną się też prawdopodobnie dalekowzroczni i odważni. Równie ważne, a często ważniejsze, są niepisane reguły gry, kultura polityczna i obyczaje. Wielka Brytania nie ma konstytucji *sensu stricto*. Silne i szanowane jest tam jednak prawo zwyczajowe. Prawo zwyczajowe w Polsce? Mogłoby być śmiesznie. To już lepiej miejmy konstytucję. A pisząc do niej ewentualne poprawki, wzorujmy się na tym, na czym wzorować się warto. Zgoda, państwa Ameryki Łacińskiej nie stały się podobne do Stanów Zjednoczonych Ameryki, choć ich konstytucje pisano, biorąc za wzór tę amerykańską. Czy wynika z tego, że nie należy korzystać z dobrych wzorów? Jak pisał Turgieniew: nie można nie robić niczego tylko dlatego, że nie można zrobić wszystkiego.

PAŃSTWO DO REMONTU

Przed nami trudne wyzwanie. Naprawić nasze państwo i jednocześnie zmienić do niego swój stosunek – to drugie niezależnie od faktu, że jeszcze bardzo długo (jeśli kiedykolwiek) nie będzie to państwo naszych marzeń. Naprawić państwo nie znaczy oczywiście wyskrobać żyletką wszystko, co państwowe. Są przecież dobre państwowe szpitale i dobre państwowe szkoły. Nikt przy zdrowych zmysłach nie chce ich prywatyzować. Idzie raczej o to, by dobre mogły być też wszystkie inne państwowe szpitale i szkoły. Idzie o to, by pieniądze, które powinny być przeznaczone na oświatę i szkolnictwo, nie trafiały tam, gdzie nie trzeba. Idzie o to, by państwo pozwoliło ludziom robić to, czego pragną, choćby robić pieniądze, by pieniędzy na szpitale i szkoły było więcej. Moralności, kultury i mentalności szybko nie zmienimy. Ale politykę możemy zmienić znacznie szybciej. Albo – jak teraz – będzie ona zabijała ludzką aktywność, albo będzie ją wspomagała.

Jimmy Carter, startując w wyborach prezydenckich, obiecywał w 1976 roku „rząd tak dobry jak Amerykanie". Cztery lata później, gdy rząd kiepsko wywiązywał się ze swych zadań, Amerykanie wybrali Ronalda Reagana, który mówił, że „ludzie są i zawsze będą lepsi niż rząd". To nie różnica słów, ale różnica filozofii. Powtórzmy, nie idzie o to, by państwo eliminować, ale by je naprawiać tak, by służyło ludziom. Jeśli prawo zalegalizuje taką służbę państwa na rzecz ludzi, życie da szansę na wymuszoną tylko poczuciem obywatelskiej odpowiedzialności służbę ludzi wobec państwa.

Trudno jest reformować niesprawne, chore państwo, tym bardziej że ci, co stoją na czele państwa, rzadko są zainteresowani reformą, która mogłaby ich pozbawić (i pewnie by pozbawiła) części władzy. Trudno jest reformować państwo, gdy reformy nie chce wielu obywateli. Wolą oni państwo kulawe, któremu można coś ukraść, od którego można coś wyrwać, które może da albo załatwi. Ale ta reforma jest niezbędna. W I RP uzdrowić państwa nie zdążono, w II RP na prawdziwą sanację nie starczyło czasu. W Rzeczypospolitej II i pół efektu nie mogła dać żadna odnowa. Fatum? Niekoniecznie. Dziś przy wszystkich trudnościach, przy wielkiej skali problemów do rozwiązania, reforma wydaje się łatwiejsza. Zadanie niewykonalne? Od wykonalnych są inni. Mniej państwa, mniej władzy urzędników, mniej regulacji i koncesji, mniej arbitralności. Więcej wolności. Więcej nadziei.

KAPITALIZM Z LUDZKĄ TWARZĄ

*Koncepcja społecznej gospodarki rynkowej jest,
z punktu widzenia porządku politycznego, udaną
próbą pogodzenia ekonomicznej wydajności,
indywidualnej wolności i sprawiedliwości
społecznej.*

Theo Weigel

tości na bruk. Z innej (a często tej samej), że jest w kraju, gdzie są pewne rynkowe instytucje, ale w którym socjalizm, a przede wszystkim socjalistyczne myślenie, mają się bardzo dobrze. Gdzie leży prawda? Aż strach powiedzieć, bo takie to banalne i wyświechtane, ale zdaje się, że pośrodku.

Jaką przyjąć miarę tego, co na naszym rynku i w naszych polskich portfelach zmieniło się w ciągu ostatnich kilkunastu lat? Może statystyczną? Tu dane są imponujące. Średnia zarobków, która w 1988 roku wynosiła jakieś 25 dolarów, dziś wynosi dolarów ponad 500. Nie da się tego zbyć skądinąd słusznym stwierdzeniem, że to już nie ten dolar, co dawniej. Doszło bowiem w Polsce do wielkiego wzrostu płac realnych. Efekt? Tak jak spadł wskaźnik umieralności noworodków i wzrosła średnia długość życia, tak w wielkim tempie wzrosła liczba posiadanych przez Polaków telewizorów, odtwarzaczy wideo, pralek i lodówek. Lodówkę ma już dziewięćdziesiąt osiem procent polskich rodzin, pralkę – siedemdziesiąt cztery, a kolorowy telewizor – dziewięćdziesiąt sześć. To wielki skok. Całkiem efektywny ten nasz kapitalizm. Ale może lepiej spojrzeć na świadczenia społeczne? Pewnie, tu jest kiepsko. Bardzo wielu osobom jest nie najlepiej, ale głównie dlatego, że bardzo wielu innym jest zbyt dobrze. Bo trudno mówić o brutalnym kapitalizmie w kraju, w którym budżet niemal załamuje się pod ciężarem wydatków socjalnych. W 2001 roku było w Polsce prawie dziesięć milionów emerytów i rencistów, a ta liczba wciąż rośnie. Trzy procent PKB idzie u nas na renty. I to ma być biedne państwo? To jest ten wilczy kapitalizm? Na coś takiego nie mogą sobie pozwolić nawet Niemcy. A my możemy. Że za te emerytury i często wyłudzone renty płacimy my i zapłacą za nie nasze dzieci i wnuki? A kto by się przejmował takimi wekslami z bardzo daleką datą płatności.

ZŁY KAPITALIZM?

Dobry kapitalizm? Nie, tego nie może powiedzieć nikt, czyja przyszłość zależy od oceny wielkich mas ludzi. Kapitalizm może być użyteczny, przydatny, korzystny, ale przyznać, że jest błogosławiony, nie wypada. Polska nie jest tu zresztą żadnym fenomenem. To wstrętne słowo na „k" budzi obrzydzenie na całym świecie. To przez ten wstrętny kapitalizm dzieci bogaczy są zmuszane do tego, by za pieniądze rodziców tłuc się po Seattle, Genui, Florencji i innych dziurach, żeby protestować przeciw globalizmowi. Tak, dość powszechne skojarzenia słowa „kapitalizm" są jak najgorsze. Kapitalizm równa się egoizm, wyzysk, nierówność, chciwość, imperializm, a może i wojna. To tylko w filmie *Wall Street* Olivera Stone'a krwiożerczy kapitalista może powiedzieć, że „chciwość jest dobra". Ale – znając poglądy reżysera – można być pewnym, że jeśli takie słowa włożył on w usta rekina kapitalizmu, to znaczy, że rekin nie ma racji. Poza tym wiadomo, że Wall Street to nawet nie cały Manhattan, Manhattan to nie Nowy Jork, Nowy Jork to nie Ameryka, a Ameryka to nie cały świat. Właściwe hasło powinno więc, według niego i wielu innych, brzmieć: „kapitalizm tak, wypaczenia nie" (też bym się pod tym podpisał, gdyby nie szyderczy ton takiego powiedzonka). Jest tylko mały problem. Kontrolowana chciwość albo, lepiej, kontrolowana troska o zaspokojenie swego interesu przynosi rezultaty. Kapitalizm, w takim samym stopniu jak na chciwości, oparty jest bowiem na nadziei i wierze w jednostkę.

Co z tymi wypaczeniami kapitalizmu? Bieda, w Polsce i gdziekolwiek na świecie, bierze się z faktu, że zbyt mały jest gospodarczy wzrost. A wzrost jest za wolny tam, gdzie wolnego rynku jest za mało, gdzie wolnorynkowe zasady zostały naruszone albo złamane. Tak jak w Polsce. Można oczywiście mówić o dzikim kapitalizmie i w wielu miejscach Polski istotnie kapitalizm występuje w swoim dzikim wcieleniu. Trudno jednak nie zauważyć, że w dzikim, według europejskich standardów, amerykańskim kapitalizmie, bezrobocie jest trzy razy niższe niż u nas. Fakt, że ludzie często tracą tam pracę, ale faktem jest również, że w ogromnym tempie pojawiają się właśnie utworzone, nowe miejsca pracy. Prawda, system *hire and fire*, szybkiego wyrzucania ludzi i szybkiego ich zatrudniania, nie daje społeczeństwu wielkiego komfortu psychicznego. Tyle że w Polsce generalnie jesteśmy w sytuacji mało komfortowej, a bez szybkich zmian i urynkowienia naszej niezupełnie rynkowej gospodarki najbardziej powszechną odmianą komfortu psychicznego będzie komfort, jaki odczuwa siedzący przed telewizorem bezrobotny. Nie o taką stabilizację nam chyba chodzi.

Nierówność dochodów nie jest sama w sobie złem. Ludzie są sobie równi pod względem przysługujących wszystkim praw i należnej każdemu godności. Ale nie ma równości pod względem talentu, energii, woli walki, motywacji i wykonywanej pracy. Idzie o to, by osiągnąć właściwą równowagę między możliwościami danymi tym, którzy rwą się do przodu, a gwarancjami danymi tym, którzy rwać się nie chcą, nie mogą, bo nie umieją, albo chcą, ale nie są w stanie. Jak złapać tę równowagę? Punktem wyjścia musi być stworzenie sytuacji, w której ludziom nie będzie się po prostu utrudniać pracy. Jeśli nie będzie utrudnień, pojawi się gospodarczy wzrost. Bez niego nie ma mowy o żadnych gwarancjach danych potrzebującym, bo nie ma gwarancji bez pieniędzy. Trzeba więc walczyć z bezrobociem, walcząc z jego przyczynami, a nie ze skutkami. Trzeba tworzyć nowe miejsca pracy, a nie skupiać się wyłącznie (choć nie można o tym zapominać) na zapewnianiu osłony tym, którzy pracę tracą. Musimy wszyscy sobie uświadomić, że nie „wszystko nam się należy". A jest to u nas postawa rozpowszechniona, skoro dwie trzecie Polaków uważa, że państwo wszystko powinno nam zagwarantować. Jakie państwo? Przecież państwo to my. Albo sami sobie zagwarantujemy, albo nikt nam nie zagwarantuje. Chyba że idzie o to, by ta jedna trzecia, która nie składa wszystkich obowiązków na barki państwa, zagwarantowała wszystko tym dwóm trzecim. Zresztą już idziemy w tym kierunku, skoro trzydzieści osiem milionów obywateli jest u nas w praktyce utrzymywanych przez siedem milionów. Jeden Polak pracujący w firmie, która nie jest na garnuszku państwa, utrzymuje więc średnio pięć osób i jeszcze trochę. Można by się nawet na taki model zgodzić, ale pod jednym warunkiem. Niech ten jeden na pięciu i pół ma chociaż po temu warunki. Niech mu się na przykład obniży podatki, a nie wrzuca na głowę jeszcze więcej i więcej. Bo jak się w końcu przewróci, to pięciu nie będzie miał kto utrzymać. Jeśli chcemy mieć system, w którym część obywateli traktowana jest jak woły pracujące na innych, to chociaż tych wołów nie zarzynajmy.

W Polsce zbyt wielu zbyt wiele myśli nie o własnych krowach, ale o krowach sąsiada, które powinny zdechnąć. I dlatego, gdy pojawia się propozycja, by zmniejszyć ludziom podatki, to zdecydowana większość jest przeciw, bo co z tego, że będziemy płacili trochę mniej, skoro Kowalscy z trzeciego piętra zaoszczędzą jeszcze więcej. Wsłuchany w wolę ludu prezydent ustawę wetuje i podatki zostają, jak były, choć wzięte do kupy, już są ogromne. Podatki progresywne, a w Polsce bardzo progresywne, to kara za ciężką pracę. Trzeba je zmniejszyć, bo ludzie lepiej wiedzą, co zrobić ze swoimi pieniędzmi, niż panowie Kołodko i Hausner. Jak będą mieli więcej pieniędzy, to stworzą więcej miejsc pracy. Cóż począć, część tego więcej wydadzą pewnie na rozpustę, wczasy na Majorce albo na Seszelach, ale jak będą bardziej wypoczęci, to ich firmom i Skarbowi Państwa na pewno to nie zaszkodzi. Trzeba wprowadzić podatek liniowy, który pozostawi ludziom więcej pieniędzy, nakręci gospodarkę i zmniejszy szarą strefę. I nie można podpuszczać ludzi, że jest niesprawiedliwy, tylko powiedzieć im prawdę, że dzięki niemu będzie w Polsce więcej pieniędzy na szkoły, szpitale i na rozwój. Trzeba też obciąć wydatki. Nie byle jak i byle gdzie, ale z głową, pamiętając, że miliony Polaków naprawdę potrzebują pomocy, a nie tylko wyłudzają pomoc. I pamiętając, że musimy mieć więcej pieniędzy na edukację i szkolnictwo wyższe, jeśli w przyszłej Europie nasze dzieci i wnuki mają być w lepszej sytuacji niż my na starcie.

ZŁE PAŃSTWO OPIEKUŃCZE?

Skoro mamy dwie Polski, a mamy, to znaczy, że stan posiadania, możliwości i szanse Polaków rozjechały się zdecydowanie za bardzo. Społeczeństwo, w którym nierówności są skrajne, jest chore. Marnuje ono całą masę wielkich talentów. Naraża się na wielki wzrost przestępczości i na groźbę rewolty. Fakt, społeczeństwo, w którym panuje totalna nierówność, może być całkiem stabilne. Przykład: społeczeństwo z systemem kastowym w Indiach. Ale mieliśmy już zbyt długo w Polsce walkę klas, by teraz mieć równie wielkie zderzenie kast. Mówimy, że istnienie dwóch Polsk obraża elementarne poczucie sprawiedliwości. I słusznie mówimy, bo nie powinno być tak, że obok ludzi, którzy mają, co chcą, jest cała masa takich, co nie mają nic, choć chcą. Ale powiedzmy też, że niemoralny jest inny podział na dwie Polski: Polskę tych, którym się chce, którzy się starają, i Polskę tych, którzy uważają, że wszystko im się należy, ale od nich nie należy się nic. Ktoś na te zasiłki, renty musi zarobić. Echem PRL-u są tak powszechne u nas postawy roszczeniowe. Nie przez przypadek prawie dziewięćdziesiąt procent ludzi w Polsce uważa, że państwo powinno im zapewnić pracę. Dobrze jest mieć wszystko, a nie dać z siebie nic. Chcieć, by państwo wszystko dało, ale mieć to państwo w głębokiej pogardzie. Wszystkie niepowodzenia zwalać na jakichś innych i nie mieć poczucia odpowiedzialności nawet za własne życie. Nie zrobić nigdy nic konstruktywnego, nie zaangażować się w żadną akcję, w żadne działania, nigdy nikomu nie pomóc, tylko żądać, żądać i żądać, brać, brać i brać. Zamiast pracy – apatia, zamiast szukania pomysłów, by coś zrobić – totalna negacja. I wyznawana przez wielu mentalność Kalego. „Kali ukraść to, co zarobią inni, to dobrze (sprawiedliwość społeczna). A jak ten ktoś się przed Kalim broni, to źle (chciwość)", jak pisał profesor Jan Winiecki. Teraz porażające dane z kraju Kalich. W Polsce za realizacją zasady „każdemu według wysiłku i ciężkiej pracy" jest dwadzieścia jeden i cztery dziesiąte procent ludzi. Dla porównania w Ameryce i w Niemczech aż trzyipółkrotnie więcej – siedemdziesiąt jeden i cztery dziesiąte procent. A jak to jest ze społecznym przekonaniem, że to, ile kto ma, powinno zależeć od inteligencji i zdolności? Tego zdania jest co czwarty Polak. I jednocześnie trzech na każdych czterech Niemców i Amerykanów. To się nazywa szczerość. Nie ma nawet udawania, że idzie o sprawiedliwość. Ma być równość.

Silny w PRL-u i wcale niespecjalnie osłabiony w III RP system uzależniający ludzi od państwa, system dzielenia i redystrybucji demoralizuje miliony ludzi i rozbija społeczeństwo. Nie mówiąc już o tym, że doprowadza państwo do bankructwa, bo ktoś w końcu za to wszystko musi zapłacić. Weksle w końcu trzeba wykupić. To jedna z największych wad państwa opiekuńczego. Ludzie żyją w nim ponad stan. Natura ludzka bierze w nim górę nad zdrowym rozsądkiem, a egoizm i lenistwo zwyciężają poczucie odpowiedzialności i pracowitość. Są tacy, którzy uważają, że przesadnie rozbudowane państwo opiekuńcze w praktyce powoduje zwiększenie problemów alkoholizmu, nadużywania narkotyków, neuroz i problemów psychosomatycznych. Powoduje wzrost liczby rozwodów i liczby samobójstw. Zbyt długie przebywanie na zasiłku sprawia, że ludzie – zamiast obywatelami – stają się klientami państwa. Instytucja rodziny się załamuje. Ludzie nie pracują, nie zarabiają, nie oszczędzają, nie inwestują. Ich marzenia zostają zmiażdżone, a życie – zamiast nadzieją – ich wypełniane jest biedą, desperacją i poczuciem wielkiego upokorzenia.

Jeśli więc chcemy żyć w zdrowym społeczeństwie choćby w miarę zadowolonych z siebie ludzi, potrzebujemy nie tylko wzrostu gospodarczego. Potrzebujemy też rewolucyjnej, jeśli idzie o skalę, a nie sposób przeprowadzenia, zmiany mentalności milionów ludzi. Musimy przywrócić etykę pracy, bo jeśli ktoś dostaje coś za darmo, szanuje to o wiele mniej niż ktoś, kto musiał owo coś zdobyć, ciężko na to pracując. U nas etos pracy kuleje, bo przez dziesięciolecia można było pracować niemal wyłącznie „na państwowym", bo miliony ludzi przyzwyczaiły się do „czy się stoi, czy się leży...", bo jest w wielu z nas coś z chłopów pańszczyźnianych, bo zabory, komuna, bo nie było u nas nigdy kalwińskiego przekonania, że jeśli Bóg daje nam pracę i pozwala nam osiągnąć w niej sukces, to znaczy, że nam błogosławi. Jan Paweł II pisał w encyklice *Laborem exercens*, że „praca jest dla człowieka, a nie człowiek dla pracy". Nie pisał na pewno, że praca jest dla człowieka, ale tego drugiego, co „ma pracować na mnie".

Ludzie, którzy zbyt długo są na zasiłkach, którzy dostają choćby byle co, nie dając – czasem nie mogąc dawać

– nic, tracą często poczucie godność. Nawet nie w oczach innych. We własnych oczach. Musimy uczyć siebie i innych, jak wykorzystywać szanse i okazje, które mamy, a nie jak czynić z siebie ofiary i jak winę za wszelkie nasze rzeczywiste i domniemane porażki przypisywać innym. Musimy wypowiedzieć walkę naszym słabościom, skłonności do zazdrości i zawiści. Trzeba gigantycznego wysiłku, by zapobiec tworzeniu się w Polsce zrozpaczonej, zawistnej podklasy. Tak jak musimy pilnować, by nie zawładnęła nami klasa indywidualistów, których indywidualizm jest w istocie brakiem wrażliwości na problemy innych i całkowitym skoncentrowaniem się na sobie, egoizmem opartym na hedonizmie.

JAKI LIBERALIZM?

Premier Jan Olszewski powiedział kiedyś, że „niewidzialna ręka rynku okazała się w Polsce ręką aferzysty", które to zdanie będzie pewnie na zawsze z nim kojarzone, tak jak pytanie „czyja jest Polska?", na które poznajemy właśnie, niestety, odpowiedź. Z tą ręką, zgrabnie powiedziane, tyle że nieprawda. Ręką aferzysty była ręka Iksa, Igreka, Zeta, którzy łamali prawo, bo mieli gdzieś prawo. Państwo zaś było za słabe, by to prawo wyegzekwować, a aferzystów wsadzić do więzienia i puścić ich, jak powiedział Lech Wałęsa, w skarpetkach. Ręka aferzysty była taka sprawna, bo rynku było za mało. Bo zamiast rynku były koncesje, limity, ulgi, kontyngenty i tak dalej. Premier Olszewski piętnował niewidzialną rękę rynku, bo ludzie byli niezadowoleni i trzeba było wskazać winnego. Tylko jak tu ludziom powiedzieć, że aferzyści, owszem źli, złapiemy ich i ukarzemy, ale tak naprawdę trzeba zmienić system. I że problemem nie jest zbyt pracowita rączka rynku, ale to, że jest ona po części sparaliżowana – tu już premier, ten i ów, był mniej gadatliwy. Swoją drogą zabawne, że szukając pały na znienawidzony liberalizm, tylu ludzi powołuje się na ową „niewidzialną rękę rynku". Adam Smith, który pierwszy użył tego określenia, użył go dwa razy. Raz w *Teorii uczuć moralnych*, drugi raz w liczących dziewięćset trzy strony *Badaniach nad naturą i przyczynami bogactwa narodów*. Jak widać, ta niewidzialna ręka bardziej była potrzebna krytykom liberalizmu niż jego twórcom.

Musimy więc budować społeczeństwo liberalne, promując liberalizm, ale jednocześnie go poskramiając. Instytucje społeczeństwa liberalnego muszą być przeobrażone przez wartości duchowe i przez poczucie wspólnego celu. Można to osiągnąć. Nie jest przecież przypadkiem, że w społeczeństwie amerykańskim, w którym panuje rzekomo rozpasany kapitalizm, tyle jest zachowań obywatelskich, prospołecznych, tyle jest poczucia odpowiedzialności za innych i bezinteresownych działań dla innych.

JAKI KAPITALIZM?

Wielu socjalistów przesiąkniętych zinstytucjonalizowaną zawiścią, która jest integralną częścią socjalizmu, uważa, że żyjemy w świecie, gdzie nieustannie toczy się gra o sumie zerowej. Jeśli ktoś coś zdobywa, to ktoś inny musi to stracić, jeśli ktoś wygrywa, to inni muszą przegrać, jeśli ktoś zarobi tysiąc złotych, to ktoś inny dokładnie tyle musi stracić. Tak może jest w biegu na sto metrów – ja wygrywam, to ty musisz przegrać – ale nie w życiu społecznym. Gospodarka nie jest bowiem grą o sumie zerowej – sukces jednej osoby nie oznacza porażki innej. Jest przecież tak, by użyć bliskiej socjalistom sprawy podatków, że jeśli komuś się lepiej powodzi, to więcej zarabia i płaci wyższe podatki, przeznaczone na biedniejszych. Wygrywają wszyscy. Powielanie wyobrażenia o owej grze o sumie zerowej ma jednak zgubne konsekwencje. Ludzie zaczynają patrzeć na siebie wilkiem, przestają sobie ufać, są podejrzliwi i skłonni widzieć u bliźnich tylko złe intencje. Ktoś zwrócił zresztą uwagę, że patrzenie na gospodarkę w kategoriach „jeśli ja wygram, to ty przegrasz, albo – albo" jest charakterystyczne dla prymitywnych społeczeństw i często występuje w krajach, w których dominuje chłopska mentalność.

W *Społeczeństwie zerosumowym* Lester Thurow pisał, że koncentrując się całkowicie na zapewnieniu ludziom bezpieczeństwa socjalnego, podcina się demokrację i indywidualną inicjatywę. Totalne bezpieczeństwo jest bowiem zaprzeczeniem ryzyka i kreatywności, a w skrajnej postaci – także wolności. Z kolei konsekwencją dążenia do równości jest nasilenie się ponurych nastrojów i urazów. W społeczeństwie, w którym ważniejszy niż dynamizm, swoboda i mobilność jest równy podział korzyści, permanentnie dolewa się oliwy do ognia zawiści. I dlatego systemy społeczne, których najważniejszym celem są równość i bezpieczeństwo, są skazane na porażkę. Po prostu nigdy nie są w stanie spełnić obietnic.

Postawy roszczeniowe, zawiść i skrajny egalitaryzm to jedno. Ale jest i drugi problem – wynaturzony kapitalizm. Jan Paweł II w swej encyklice *Centesimus annus* podkreślał trapiący współczesną cywilizację problem ludzi marginalizowanych przez rynek, żyjących w warunkach zmuszających ich „do nieustannej walki o zaspokojenie podstawowych potrzeb, a więc w sytuacji, która rządzi się zasadami pierwotnego, bezlitosnego kapitalizmu". Jaki kapitalizm jest dobry, jaki można zaakceptować? W *Centesimus annus* Papież pisze: „Czy można powiedzieć, że klęska komunizmu oznacza zwycięstwo kapitalizmu jako systemu społecznego i że ku niemu winny zmierzać kraje, które podejmują dzieło odbudowy gospodarczej i społecznej? (...) Jeżeli mianem kapitalizmu określa się system ekonomiczny, który uznaje zasadniczą i pozytywną rolę przedsiębiorstwa, rynku, własności prywatnej i wynikającej z niej odpowiedzialności za środki produkcji oraz wolnej inicjatywy w dziedzinie gospodarczej, to na postawione wyżej pytanie należy odpowiedzieć twierdząco, choć może trafniejsze byłyby tu wyrażenia»ekonomia przedsiębiorczości«,»ekonomia rynku«,»wolna ekonomia«. Ale jeśli przez kapitalizm rozumie się system, w którym wolność gospodarcza nie jest ujęta w karby systemu prawnego wprzęgającego ją w służbę wolności ludzi, która ma wymiar etyczny i religijny, to nie".

Czy u nas nastąpiło zwycięstwo kapitalizmu? Niestety, w wielu swych aspektach jest on w Polsce wynaturzony. Wszędzie na świecie bogacenie się ludzi powoduje bogacenie się państwa. Tylko u nas nie do końca, jakby wielu, bardzo wielu ludzi bogaciło się kosztem państwa. Bo dokładnie tak jest. Wystarczy spojrzeć na naszych wielkich oligarchów, przypominających dawnych magnatów, o których ksiądz Skarga pisał: „O wielmożni Panowie! O ziemscy bogowie". Nasi oligarchowie mają majątki liczone w setkach milionów, a czasem nawet w miliardach dolarów. Ale nie wszyscy płacą proporcjonalne do wielkich dochodów wielkie podatki. Jakim cudem? Dzięki – jak to nazywają nasi biznesmeni – kosztom przychodu. Nasi oligarchowie nie wyzyskują ludzi jak dawni Scheiblerowie i Poznańscy w Łodzi. Nie, nie płynie krew, nie ma przekleństw i jatki. Wszystko odbywa się w pięknych, klimatyzowanych wnętrzach. Czysto i z klasą. Tylko zaraz potem okazuje się, że jakaś transakcja między Skarbem Państwa a wielkim zachodnim koncernem, która w normalnym kraju mogłaby zostać zawarta między państwem a tym koncernem, u nas potrzebuje pośrednika w postaci królującego na salonach władzy oligarchy, który kasuje setki milionów dolarów. Oligarcha staje się więc właścicielem czegoś, co jeszcze chwilę wcześniej było własnością nas wszystkich. Arsen Lupin do entej potęgi. Gdy Leon XIII pisał w swej opublikowanej w 1891 roku encyklice *Rerum novarum* o „dzikim kapitalizmie", nie wiedział o takich transakcjach. Ale gdyby pisał ją dzisiaj, zapewne zaliczyłby je do kategorii „dziki kapitalizm".

ORDO-SZANSA

Odpowiedzią na wyzwania, które stoją przed Polską, nie są ani etatyzm, ani państwowy paternalizm i państwo całkowicie skoncentrowane na swej funkcji opiekuńczej. Nie jest nią też dziki kapitalizm. Którą drogą w takim razie pójść, by nie była to żadna „trzecia droga"? Odpowiedzi na podobne pytanie szukali ponad pół wieku temu – i znaleźli ją – niemieccy ordoliberałowie. To ich myśl teoretyczna stała się fundamentem niemieckiego „cudu gospodarczego". Ordoliberałowie krytykowali wynaturzony kapitalizm, podkreślali rolę wspólnoty i odwoływali się do idei *ordo universi*, przejętej od świętego Tomasza idei naturalnego porządku zamierzonego przez Boga, a tworzonego przez ludzi. Ale czyniąc to, nie dochodzili do punktu, w którym opowiadaliby się za kolektywizmem, etatyzmem i gospodarką planową. Chcieli wolnej, czyli społecznej gospodarki rynkowej. Uważali bowiem, że tylko wolna gospodarka może być prawdziwie społeczna, czyli że może skutecznie rozpoznawać społeczne problemy i równie skutecznie je rozwiązywać. Ale jednocześnie taka gospodarka musiałaby być częścią struktury wyższego rzędu, uwzględniającej personalizm oraz solidarność, godność człowieka, wspólnotę, wzajemną pomoc.

Gdzie Rzym, gdzie Krym, powie ktoś. Jakie te wszystkie słowa mają odniesienie do rzeczywistości? Otóż w latach pięćdziesiątych w Niemczech miały, i to jakie. Oparta na teoriach ordoliberałów polityka gospodarcza przyniosła efekty już w 1949 roku, gdy poziom produkcji w Niemczech dorównał poziomowi produkcji III Rzeszy z 1936 roku. Od 1950 do 1955 roku PKB na mieszkańca wzrósł dwukrotnie, bezrobocie zmalało z ponad dziesięciu do pięciu procent. W latach pięćdziesiątych niemiecka gospodarka rosła w tempie ośmiu procent rocznie, a płace realne wzrosły o siedemdziesiąt pięć procent. Zgodnie z pomysłami ordoliberałów wzięto się za budownictwo mieszkaniowe, preferując własnościowe budownictwo mieszkań i domków jednorodzinnych. Tu coś, co może być bardzo interesujące dzisiaj, dla nas. Wśród inwestorów prywatnych większość stanowili robotnicy, pracownicy umysłowi i urzędnicy. Gospodarka rozwijała się w zawrotnym tempie, ale tempo nie było aż tak zawrotne, by do mety dobiegali tylko najlepsi, mijający słabszych, którzy padali na trasie. Umacniało się też państwo socjalne. W 1952 roku podniesiono renty i wprowadzono czternastotygodniowy płatny urlop macierzyński, w 1957 roku zasiłki dla rodzin wielodzietnych i reformę rent, przewidującą między innymi ich coroczną waloryzację. Tak, tak, powie ktoś, ale właśnie teraz Niemcy doszli do wniosku, że państwo socjalne rozrosło im się za bardzo, i chcą je odsocjalizować, między innymi tnąc wydatki i świadczenia. W porządku. Nie musimy się oglądać na Niemcy, by zobaczyć, jak państwo i jego obywatele mogą się uginać pod ciężarem świadczeń, które społeczeństwo zdobyło. Idzie o coś innego. Można doprowadzić do błyskawicznego rozwoju gospodarczego, nie doprowadzając do nieposkromionego rozwarcia się nożyc dochodów. Można biec, nie porzucając słabszych. Można po prostu zbudować prawdziwą gospodarkę rynkową, kapitalizm z ludzką twarzą.

MEDIA

Kto ma telewizję, ten ma władzę.

Mieczysław Rakowski

kach masowego przekazu, mamy partyjnych funkcjonariuszy oddelegowanych do nadzoru nad programami telewizyjnymi. Tak jest od lat. Tak długo, że niemal się już do tego przyzwyczailiśmy. Norma, nawet jeżeli jest anormalna, jest przyjmowana jako standard, jeśli jest trwała. Ale jak się temu wszystkiemu przyjrzeć i jak porównać to z „uspołecznieniem środków masowego przekazu", o którym tyle mówiono w 1989 roku, to aż gorzki śmiech człowieka ogarnia. Spójrzmy tylko. Szefem publicznej telewizji jest przez całe lata człowiek, który doradzał w kampanii wyborczej prezydentowi i który nawet nie ukrywa (bo i po co, i tak by nie ukrył) swych związków z SLD i prezydentem. Krajowa Rada, mająca czuwać nad ładem w eterze przygotowuje projekt ustawy radiowo-telewizyjnej, który jest absolutnym zaprzeczeniem standardów obowiązujących w demokratycznych krajach. Znany producent filmowy próbuje sprzedać za kilkanaście milionów dolarów ewentualnemu nabywcy największej telewizyjnej stacji prywatnej satysfakcjonujące go zapisy ustawowe. W sprawę może być zamieszany prezes TVP, więc komisja śledcza badająca aferę wzywa Radę, by opowiedziała się za zawieszeniem prezesa. Ale Rada, która wścibia nos we wszystkie sprawy, akurat w tej jednej uznaje się za niekompetentną. Z sondaży wynika, że prezesowi TVP, czyli instytucji najwyższego publicznego zaufania, ufa co dwudziesty piąty Polak, ale prezesowi do głowy nie przychodzi, że mógłby, ba, że powinien, e tam powinien – że musi się wycofać z gry. Przeciwko prezesowi nie występuje też Rada Nadzorcza TVP. No bo i jak ma kontrolować prezesa Rada, której szef dostaje od prezesa TVP lukratywne stanowisko i luksusowy samochód, a której najbardziej znany członek jest podwładnym prezesa. Pojęcie konfliktu interesów w tej firmie nie istnieje, więc jej dyrektorem generalnym, odpowiedzialnym między innymi za zakup programów, jest mąż pani, która jest szefem firmy sprzedającej telewizji takie programy. Odpowiadając na pytanie członka komisji śledczej, pan mąż-dyrektor generalny przypomina sobie o tym z wielkim trudem. Wracając do ustawy – producent filmowy, próbując dobijać targu (my wam ustawę, jaką chcecie, wy mnie kilkanaście milionów dolarów plus funkcję szefa największej prywatnej stacji telewizyjnej), negocjuje też „w pakiecie" życzliwość stacji rządzącym już po kupieniu jej przez nowego właściciela. Jakby było mało, że niby-publiczna telewizja ze wszystkimi swymi programami jest już rządzącej partii szalenie życzliwa. Ale może jest jeszcze za mało życzliwa, skoro minister (obrony – cha, cha) mówi na posiedzeniu rządu, że jej dodatkowe wzmocnienie to „skrywany cel numer 4". W samej telewizji porządku pilnują ci sami ludzie, którzy porządku pilnowali jeszcze za PZPR-u. Superważnym dyrektorem jest superważny członek pop-u w sterowanych prosto z KC programach informacyjnych.

A niżej w strukturze?

Jak wyżej. W programie nadzorowanym przez owego funkcjonariusza dwa dni przed wyborami prezydenckimi „rozstrzeliwuje się" kandydata prawicy. Rok później, przed wyborami parlamentarnymi, w programie o nazwie *Gość Jedynki* dzień po dniu – niemal bez wyjątku – przemaszerowuje czołówka partii, która właśnie szykuje się do przejęcia władzy. W programach informacyjnych tej telewizji nie ma miejsca, by pokazać prezydenta dość swobodnie zachowującego się nad grobami polskich bohaterów. Nie ma też miejsca na wyjaśnienie, dlaczego premier i wielu wysokich notabli zaciągnęło kredyty u oligarchy blisko związanego z partią rządzącą. Ale prezydenta i premiera, i ministrów, i członków rządzącej partii jest w tych programach tyle, że złamane zostają wszelkie proporcje czasu przyznanego władzy i opozycji, że w kąt idą resztki przyzwoitości. W tej telewizji, w dniu gdy zaczyna swą pracę komisja śledcza, materiał z jej posiedzenia ukazuje się niepodpisany. Nikt nie chce się podpisać po odsunięciu od tematu dziennikarki, która musiała być odsunięta, skoro nie daje gwarancji, że będą nią mogli manipulować, jak im się będzie podobało. Gdy na posiedzeniu komisji wychodzi na jaw, że istniał nieformalny zespół przygotowujący nowelizację ustawy radiowo-telewizyjnej, w którym był prezes TVP, materiał o tym ukazuje się w nadawanym o dziewiętnastej trzydzieści programie informacyjnym w osiemnastej minucie. Szef programu, syn senatora SLD, mówi, że maszyna się zepsuła. Skąd ona wiedziała, kiedy się zepsuć? Cóż, pracuje tam już długo. W tej telewizji lider partii, a dawny sekretarz, pojawia się pierwszego czerwca zamiast dobranocki. W tej telewizji wyróżnienie za dobre wyniki ekonomiczne staje się wielką nagrodą świadczącą, że z nazwy publiczna telewizja jest lepsza od BBC (*sic!*). I jeszcze o ustawie. Przez półtora roku rząd forsuje projekt ustawy, której celem jest wzięcie za twarz niezależnych mediów. Rząd nie przejmuje się krytyką międzynarodowych organizacji, surowymi recenzjami instytucji europejskich, miażdżącą krytyką ze strony zagranicznej prasy, złością opinii publicznej, ostrą reakcją niezależnych mediów. Zresztą jak ma się bać tej reakcji, skoro właśnie takie reakcje chce na wieki wieków wyeliminować. Żeby tak, jak jest, i jeszcze gorzej było zawsze. Półtora roku później – gdy karierę robi słowo „mataczenie", które pada najczęściej w kontekście pracy nad ustawą, gdy powszechnie krytykowana jest pani minister, która „pilotuje" projekt (choć ona sama mówi, że wszystko jest OK, a rząd będzie projektu bronił do krwi ostatniej), gdy konfrontacje przed komisją śledczą unaoczniają nawet ludziom o słabym wzroku, jaki numer próbowano wywinąć – rząd pracę nad tym projektem wstrzymuje. Sukces demokracji? Bardzo, bardzo wątpliwe, bo to nie koniec tej opowieści. Akurat gdy to się dzieje i gdy przewodnicząca Krajowej Rady mówi, że w mediach publicznych potrzebne jest nowe otwarcie, członkiem Rady zostaje człowiek, który w stanie wojennym wyrzucał z pracy niezależnych dziennikarzy, wielbiciel MO i SB, były komunista, dumny, że był komunistą. „Żebyście nie myśleli, że jak na chwilę odpuściliśmy z ustawą, to coś się zmieniło".

Dużo tego, a to tylko początek listy. Warto się jej przyjrzeć, bo dopiero mając to wszystko przed oczami, w pełni rozumie się, z czym tu mamy do czynienia. Oto za nasze pieniądze, na naszych oczach, wydarto nam naszą własność, dobro, o które walczono przez dziesięciolecia. Ukradziono jednak tak, że – tracąc prawo własności – nie przestaliśmy tej firmy utrzymywać. Miliony ludzi w majestacie prawa zostały więc zmuszone do finansowania z własnej kieszeni nieprzerwanej kampanii propagandowej jednej partii. Wolna Polska, demokracja, pluralizm, wolność słowa i – zaprzeczająca tej ostatniej telewizja, która nie zasługuje nawet na miano państwowej. Rzadko złodziej ma tyle tupetu co w tym wypadku.

W 1989 roku mówiono, że budynki na Woronicza i ten na placu Powstańców Warszawy (oni też przewracają się w grobach i w łóżkach), gdzie mieszczą się programy informacyjne, trzeba zaorać i wszystko zacząć od początku. No bo jak budować wolne media z ludźmi, którzy mają przetrącone kręgosłupy? Pamiętam, jak wiosną 1990 roku pojawiłem się na placu Powstańców Warszawy. Schizofreniczne odczucia. Z jednej strony radość – przecież tu chciałem pracować. Z drugiej – jakiś dyskomfort, bo jestem obok ludzi, których, gdy oglądałem ich w telewizji, szczerze nienawidziłem. Oto pan Witek, który w mundurze deklamował dekret o wprowadzeniu stanu wojennego. Oto redaktor Tadek, który szykował paszkwile na „Solidarność". Redaktor Jurek, bardzo inteligentny i skrajnie cyniczny, zawsze oddany partii i jej sojusznikom. Większość największych potworów wyrzucono, ale zwyciężyła koncepcja ciągłości. Koncepcja była pokraczna, bo pierwszy szef *Wiadomości* musiał wydać polecenie, by nikt z dziennikarzy nie pokazywał się na ekranie. W ten sposób uczciwi musieli zapłacić cenę za to, że nie pozbyto się tych, na których widok ludzi zalałaby krew. Dziś, patrząc na to, co się dzieje w TVP, i porównując to z tym, co działo się w niej dwadzieścia lat temu, można w istocie dostrzec ogromną ciągłość. Dziś w rubryce satyrycznej tę telewizję nazywa się Telewizją Białoruską oddział w Warszawie i nie wydaje się to ani superdowcipem, ani prowokacją intelektualną. To po prostu dość precyzyjny opis. Stąd wraca koncepcja użycia spychacza. Ale spychacz nie jest potrzebny. Budynku na Woronicza zaorać się nie da. Zresztą w TVP powstaje masa rzeczy godnych uwagi. Wielu dziennikarzy i twórców robi świetne programy. Wielu straciło już niemal nadzieję, że kiedyś będzie w ich firmie normalnie, ale odżyliby, gdyby nagle taka nadzieja się pojawiła. Często tych dobrych dziennikarzy i wartościowych programów nie zauważamy. Niesłusznie. A jak nawet zauważamy, to i tak na nasze wyobrażenie o tym, co się w TVP dzieje, bardziej wpływa to, co widzimy w programach informacyjnych i publicystycznych. To one stanowią problem i to te programy trzeba radykalnie zmienić.

Trzeba też zmienić system, ów wewnątrztelewizyjny – ręka rękę myje – układ. Organizm toczony przez nowotwór potrzebuje chirurga, a nie wizażysty. Potrzebny jest przełom, a nie *make-up*, wstrząs, a nie naskórkowe zmiany. Telewizja, która powinna należeć do ludzi, sprzeniewierzyła się swym prawowitym właścicielom. Dziś oddanie jej społeczeństwu byłoby wielkim aktem sprawiedliwości. Byłoby wielkim sukcesem bardzo wielu uczciwych ludzi, którzy w niej pracują. Byłoby wielkim zwycięstwem demokracji.

Bez prawdziwie publicznych mediów nasza demokracja będzie kulawa. Nie ma bowiem demokracji bez mediów. Nie ma mediów bez wiarygodności. Nie ma wiarygodności przy rządowej albo partyjnej kontroli. W amerykańskiej konstytucji jest zapis, zgodnie z którym rząd nie może wprowadzać praw ograniczających wolność słowa. I do dziś nikt takiego prawa nie tylko nie forsował, ale nawet go nie zaproponował. I to przez dwieście lat. U nas zaś ma to miejsce. A czynią to spadkobiercy partii, która przez prawie pół wieku pilnowała, by wolne słowo docierało do nas tylko z zakazanej rozgłośni, którą zresztą zakłócano. Polskie media publiczne trzeba odebrać politykom. Żeby była pełna jasność – wszelkim politykom, bo jest absolutnie nieistotne, czy politruk będzie lewicowy, czy prawicowy. Miałem do czynienia z jednymi i drugimi i nie jestem w stanie powiedzieć, którzy są gorsi.

JAK UKRADZIONO NAM NASZE MEDIA?

Na początku były marzenia o publicznej telewizji. Potem była ustawa. W ustawie zapisano, że nad wszystkim, co dzieje się w mediach, będzie czuwała RADA. W Radzie mieliby zasiadać wybitni przedstawiciele mediów. Było to w zamierzchłych czasach, ponad dziesięć lat temu, w 1992 roku. Ustawa nie zwalała z nóg, ale miała i ręce, i nogi. Nie była kompromitującym ustawodawcę potworkiem. Raczej przyzwoitym aktem prawnym, który mógł przynieść niezłe owoce, gdyby politycy byli dojrzali i kierowali się interesem społeczeństwa, a nie własnym. Ba.

Zresztą na początku nie było aż tak źle. Postanowiono oto bowiem przestrzegać zasad zwykłej przyzwoitości. Sejm był rozczłonkowany, ale większość miała w nim prawica. Prawica uznała jednak, że byłoby głupio, gdyby tak po prostu zgarnęła wszystkie miejsca w Krajowej Radzie. Przypilnowała więc, by jedno, zgodnie z wewnątrzparlamentarnymi proporcjami, przypadło kandydatowi SLD. Pierwsze wybory członków Rady i od razu godny szacunku gest. Jak się okazało, gest ostatni. Pierwsza Rada nie składała się wyłącznie z wybitnych znawców mediów. Prawdę mówiąc, nie było w niej ani jednego wybitnego znawcy mediów. Nie było w niej też samych bezpartyjnych, jak zdawała się sugerować ustawa, było w niej bowiem kilku funkcjonariuszy partyjnych oddelegowanych „na odcinek mediów". Ale była w Radzie wewnętrzna równowaga. Wówczas tego specjalnie nie doceniono, ale później doceniono, i to bardzo. Tym bardziej że kilka lat później ta równowaga najpierw się zachwiała, a potem zniknęła. Zastąpił ją parytet SLD i PSL oraz, mającej być listkiem figowym, UW. Parytet był w Krajowej Radzie i we wszystkich radach nadzorczych, które ona wybierała. Byli właściciele TVP, którzy wygrywali kolejne wybory, uznali po prostu, że pluralizm to zachowanie równowagi między ich prezydentem a ich premierem, trzymanie równowagi między skrzydłami w ich partii, ewentualnie dzielenie się stołkami z ludowcami z partii włościan. A jak wygrywała prawica, to – jak to polska prawica – za chwilę się żarła tak, że wybierała albo PSL-owca, albo prawicowca, który okazywał się wiernym poddanym sekretarza Rady kręcącego w niej wszystkim, jak chciał. Rady od początku nie szanowano, ale przestała się cieszyć szacunkiem niemal do reszty, gdy prezydent Wałęsa odwołał jej przewodniczącego i wiceprzewodniczącego, bo nie podobało mu się to, kto dostał koncesję na pierwszą ogólnopolską telewizję prywatną (szef gabinetu prezydenta podobno obstawiał w tym wyścigu kogoś zupełnie innego). Potem zamiast pluralizmu był totalny przechył w lewo i z szacunku nie zostało nic.

Radę dość powszechnie traktowano jako miejsce, gdzie można odpocząć. Miejsce, gdzie dostawało się synekurę – jak dobrze poszło – na sześć lat. Miejsce, gdzie politycy, którzy spadali z pierwszej ligi, mogli poczekać na lepsze czasy. Ale ci politycy mieli swoje ambicje. Z ich realizacją wcale nie chcieli czekać do końca swych kadencji w Radzie. Czytali uważnie ustawę, zgodnie z którą funkcjonowała Rada, i co widzieli? Widzieli, że mają w rzeczywistości ogromną władzę, a jak się postarają, to będą mieli władzę jeszcze większą. Czegóż to nie może owa RADA: ma pośredni wpływ na władze mediów publicznych, wybiera rady nadzorcze Telewizji Polskiej i Polskiego Radia, wybiera rady nadzorcze siedemnastu rozgłośni regionalnych Polskiego Radia i dwunastu ośrodków telewizji w największych polskich miastach. Krótko mówiąc, to ona rządzi w mediach publicznych. Może przez jeden dzień raz na trzy lata, ale w tym jednym dniu można wszystko ustawić tak, że jest nie do ruszenia. Ale to nie wszystko. Rada ustala też maksymalny czas reklam nadawanych w mediach. I tu zaczyna się jej władza rozciągać także na media prywatne. Rada może je karać, jeśli będzie w nich coś, co łamie prawo, albo coś, co Rada za złamanie prawa uzna. Rada decyduje też o przedłużeniu lub nieprzedłużeniu koncesji dla telewizji prywatnych i prywatnych stacji radiowych.

To nie są szczątki władzy. To jest ogromna władza. To jest w dziedzinie mediów władza decydowania o być albo nie być mediów, ich właścicieli i dziennikarzy. Wydział Prasy KC PZPR byłby zazdrosny. Bo to przecież nie uzurpatorzy, ale członkowie Rady, z asystentami, sekretarkami, telefonami, samochodami, kierowcami, wysokimi pensjami. Rada zaś jest wpisana do konstytucji, nie wyleciała nikomu spod ogona. Mając takie frukta i taką władzę, mało kto chce się ich pozbywać. Trudno się więc dziwić, że po apelu prezydenta, by w obliczu kompromitacji Rady jej członkowie podali się do dymisji, podały się do niej dwie osoby. Z dziewięciu. Mniej niż dwadzieścia pięć procent.

Mamy więc wszechpotężną Radę, która ma takie uprawnienia, że pozazdrościć. I co robi ta wypchana uprawnieniami Rada? Opracowuje projekt ustawy, która dawałaby jej jeszcze większą władzę, która kontrolowanej przez przodującą partię telewizji też dawałaby jeszcze większą władzę i pieniądze, która pluralizm i równowagę w mediach przekreśliłaby nie jak teraz na lata, ale może na dziesięciolecia. Rada, która powinna stać na straży wolności słowa, dokonała zamachu na tę wolność. Rada, która miała się troszczyć o pluralizm w mediach, spróbowała ten pluralizm złamać. Rada, która miała czuwać nad ładem w mediach, chciała te media ubezwłasnowolnić. To już jest uzurpacja. Jak wyglądałaby TVP pod rządami tej nowej ustawy? Jak wyglądalibyśmy w oczach naszych sojuszników z NATO i bliższych oraz dalszych sąsiadów z Unii Europejskiej? Jak bantustan. Ale co im tam. Im bantustan nie robi nic. Im robi stan posiadania. Zresztą, czy TVP mogłaby wyglądać jeszcze gorzej, niż wygląda?

JAK TO JEST W TVP?

TVP lepsza od BBC, tak? Ale chyba od BBC sprzed wojny. Od 1933 roku aż do wybuchu wojny w BBC nie mógł występować pewien ważny polityk. Nie mógł, choć był członkiem parlamentu, a nawet członkiem gabinetu. Człowiek ten desperacko próbował przekonać swój naród, by zabezpieczył się, póki jest czas, przed potworem, jakim jest Adolf Hitler. Polityk ten nie mógł jednak mówić do swych rodaków, bo BBC uznało, że jego stanowisko w sprawie Niemiec i Hitlera jest, jak na tę korporację, zbyt kontrowersyjne. Tym politykiem był niejaki Winston Churchill. Zgoda. Od tamtej BBC TVP jest może nawet lepsza. A tak serio?

Sam przyznam się do naiwności. Na początku lat dziewięćdziesiątych byłem, jak ogromna większość moich pracujących w TVP koleżanek i kolegów, gorliwym wyznawcą idei telewizji publicznej. Już wtedy różne rzeczy były w TVP nie tak, ale z uporem maniaka mówiliśmy sobie, że to robota radiokomitetu, że to telewizja państwowa, więc pewnie tak być musi. Ale jak już państwowa przestanie być państwowa, to będzie – jeśli nie idealnie – to na pewno znośnie. Dlatego jakoś znosił człowiek informację, że – słysząc o strajkach na kolei – minister Jacek Kuroń stwierdził, iż w związku z sytuacją w kraju zawiesza w telewizji wolność słowa. Dziwił się człowiek, ale cóż, trudno, że premier Mazowiecki tuż przed swym wyjazdem do Moskwy wpadł we wściekłość, bo *Wiadomości* pokazały (według niego mogły nie pokazać) obalanie pomnika Lenina w Nowej Hucie. Przełykał ślinę, gdy pani rzecznik pana premiera wysyłała do Dyrekcji Programów Informacyjnych groźnego pana z Biura Prasowego Rządu, by nadzorował montaż długich relacji z jej konferencji prasowych. Zżymał się też i protestował, gdy jeden z kolejnych dyrektorów organizował w maju 1992 roku w *Wiadomościach* operatywki, na których funkcjonariusze MSW instruowali zaufanych (niektórzy zaufani potem mi to opowiadali), jak mają wspierać ideę lustracji. Można to było jakoś strawić, bo obok drani i cyników pojawiali się wśród szefów informacji ludzie sympatyczni i porządni, bo obok aktów oportunizmu było wiele aktów odwagi, bo generalnie można było mówić prawdę i mieć poczucie, że służy się młodemu państwu. A jeśli nie wszystko było jak trzeba? Cóż, wszystko jak trzeba miało być już niedługo, gdy telewizja państwowa przepoczwarzy się w publiczną. Potem było jednak już tylko gorzej. Najpierw porwała telewizję prawica, która postanowiła użyć jej jako młota na czerwonych. Potem porwali ją czerwoni, którzy postanowili wyrzucić z Woronicza i z ekranu prawicę, a samą telewizję podporządkować nawet nie swoim – takim czy innym – ideom, ale sobie po prostu. Korkociąg trwa, a skutki widać dziś jak na dłoni.

Dzisiaj telewizja jest publiczna głównie z nazwy. No i w tym sensie, że to publiczność za nią płaci.

Jakie są jej największe grzechy? Telewizja narusza elementarne standardy pluralizmu politycznego i wolności słowa. Przeistoczyła się w maszynkę do robienia pieniędzy i w sensie nie tylko ekonomicznym, ale także programowym stała się komercyjna na skalę absolutnie porównywalną ze stacjami komercyjnymi. Zamiast misji – emisja, bardzo często szmiry. Telewizja zbyt często w najlepszym czasie antenowym forsuje jarmarczno-prostacką, antyinteligencką estetykę – „byle na chama, byle głośno, byle głupio", jak pisał Wojciech Młynarski. Twórcy kultury, inteligenci, zostali w niej i przed ekranami zepchnięci na margines. A jeśli już się pojawiają, to właściwie głównie jako alibi dla ludzi odpowiadających za ofensywę tandety i złego gustu.

Co się stało z TVP w ciągu kilkunastu lat? W sierpniu 1991 roku, gdy byłem w Chorwacji w czasie chorwacko-serbskiej wojny, w Rosji nastąpił pucz Janajewa. W dniu mego powrotu do Polski przełożeni dali mi polecenie:

– Jedziesz do Belwederu, na konferencję prasową prezydenta Wałęsy.

– Ale mnie nie było, nie mam pojęcia, co się dzieje – broniłem się.

– Nic się nie stało, o to idzie. W sprawie puczu Janajewa Wałęsa przez tydzień, niestety, nie powiedział właściwie nic – wyjaśnił mi Ryszard Grabowski, właśnie mianowany szef Telewizyjnej Agencji Informacyjnej, prywatnie wielki zwolennik „Solidarności" i Lecha Wałęsy.

Z konferencji prezydenta Wałęsy zrobiłem materiał opatrzony na końcu komentarzem: „Zaraz po puczu Janajewa jasne stanowisko w sprawie wydarzeń w Związku Radzieckim zajęli premier Thatcher, prezydent Havel i prawie wszyscy inni przywódcy z naszego kontynentu. Prezydent Wałęsa nie powiedział nic, a głos zabrał dopiero, gdy było już po wszystkim". Nic nadzwyczajnego, zwykła relacja, normalny *stand up*. Wiem, że w Belwederze on się nie podobał, ale cóż, trudno. Czy ktoś może sobie wyobrazić taką krytykę premiera Millera czy prezydenta Kwaśniewskiego w *Wiadomościach* czy w *Panoramie*? A może nie ma żadnych powodów do krytyki? W październiku owego 1991 roku w Belwederze nie chcieli mnie dopuścić do wywiadu z prezydentem Wałęsą, ale Ryszard Grabowski powiedział, że o tym, kto z jego ludzi będzie przeprowadzał wywiad, decyduje on. Takie były czasy, tacy ludzie. Czy ktoś wyobraża sobie dzisiaj, dwanaście lat później, taki akt niesubordynacji wobec wydających instrukcje ludzi z Pałacu Prezydenckiego albo Kancelarii Premiera? To, co było naturalne wtedy, teraz byłoby nie do pomyślenia.

Nie ma sensu zajmować się konkretnymi przykładami manipulacji w programach informacyjnych TVP. Jest tego tyle, że trzeba by napisać inną książkę. Każdy dzień przynosi nowe. Rzadko są to otwarte kłamstwa. Częściej są to właśnie manipulacje. A to ominąć istotę sprawy, a to nie dostrzec jej właściwego bohatera, a to skoncentrować się na wątku pobocznym. Oglądając na przykład relacje z posiedzeń komisji śledczej, można odnieść wrażenie, że idzie o to, by to, co istotne, utonęło w masie nieistotnych szczegółów. Dużo słów, dużo obrazków i żadnego logicznego ciągu pokazującego sens wydarzeń. W tym szaleństwie jest metoda. O jakiej niezależności można zresztą mówić, gdy najważniejsze kierownicze stanowiska są obsadzane wyłącznie według jednego kryterium: totalnej dyspozycyjności. Bo przecież nie o kwalifikacje menadżersko-dziennikarskie idzie. Stąd tyle egzemplarzy BMW – biernych, miernych i wiernych, którzy nigdy się nie postawią, nigdy nie staną w obronie zasad. Zresztą w obronie jakich zasad, skoro ich jedyną zasadą jest wierność i trwanie. Nieważne są nazwiska. Ważna jest reguła.

Jakiś czas temu zamach na publiczną telewizję próbowano przeprowadzić w Czechach. I co? Tam zaprotestowali dziennikarze i zaprotestowała opinia publiczna. Dziesiątki tysięcy ludzi wyszły na ulice. U nas na protest dziennikarzy chyba nie można liczyć, skoro zdarzyło się tyle rzeczy uzasadniających protest, a protestu nie było. A co z opinią publiczną? Cóż, jeśli wciąż słychać o akcji obywatelskiego nieposłuszeństwa, ale żadnej akcji nie było, jeśli opozycja zapowiada bojkot telewizji, ale jej nie bojkotuje, jeśli ludzie mówią, że telewizja kłamie, ale przeciw tym kłamstwom nie demonstrują, to wszyscy razem bierzemy na siebie odpowiedzialność za to, jak jest. Widocznie Robert Kwiatkowski i podlegli mu funkcjonariusze aż tak bardzo nam nie przeszkadzają. A skoro tak, to może lepiej sobie dać spokój z narzekaniem? Oczywiście, że nie. Trzeba tylko zdawać sobie sprawę z praktycznych i moralnych konsekwencji nicnierobienia.

MISJA KONTRA KOMERCJA

Telewizja rządowo-komercyjna? Tak to wygląda. Jasne, teatr telewizji jest w TVP, programy kulturalne są w TVP, filmy dokumentalne są w TVP. I dobrze. W końcu gdzie mają być, skoro to na TVP płacimy abonament. Pytanie, gdzie w tej telewizji są te programy? I pytanie, czy o programowym i estetycznym obliczu tej telewizji decydują właśnie one? Nie. Wystarczy wziąć do ręki program telewizyjny. Tyle wartościowych pozycji. Ale większość w Dwójce o dziewiętnastej trzydzieści, gdy ludzie oglądają raczej *Wiadomości*, i późno wieczorem oraz w nocy, gdy ogromna większość ludzi jednak śpi. Statystycznie więc wszystko się zgadza, ale statystyka nie jest istotna, gdy tak zwaną misję traktuje się jak niechciane zło, a programy misyjne upycha się po kątach.

Pojawiające się w TVP wartościowe programy zalewa, niestety, cała masa programów obrażających inteligencję przeciętnie wykształconych ludzi. Całość w związku z tym jest zaprzeczeniem misji telewizji publicznej. Nie dostarcza bowiem ta telewizja ludziom dóbr kultury, nie zapewnia im dostępu do oświaty, nie gwarantuje im wglądu w dorobek nauki. Wszystko to, powtarzam, jest albo bywa, tyle że na marginesie. A właśnie ten margines razem z uczciwą informacją i publicystyką powinien stanowić istotę telewizji publicznej, marginesem zaś powinno być wszystko inne. Że telewizja musi zarabiać, bo otoczenie komercyjne, a rynek trudny? Sam walczyłbym o wprowadzenie dodatkowych pewności płacenia przez ludzi telewizyjnego abonamentu i egzekwowanie tego płacenia. Wcześniej musiałbym mieć jednak choć cień gwarancji, że pieniądze te wpłacałbym razem z milionami ludzi na rzeczywiście publiczną telewizję, a nie na wspieranie tej czy innej partii, na rzeczywiście ambitne programy, a nie na *Randki w ciemno*, na drogie i superambitne programy dokumentalne, a nie na *Dramat w trzech aktach*, wymyślony jako młot na braci Kaczyńskich. Dziś takich gwarancji nie ma, a stopień deprawacji, z jakim mamy do czynienia w TVP, zwalnia, jak sądzę, obywateli z obowiązku wpłacania na nią choćby złotówki. *No taxation without representation*, żadnych podatków, jeśli nie jest się reprezentowanym, głosi amerykańska zasada konstytucyjna. Święte słowa. Dlaczego mamy płacić, skoro to nie nasza telewizja, tylko ich. Będzie znowu nasza, to zapłacimy.

Ta misja TVP nie jest żadnym balastem, który wrogowie Telewizji Polskiej chcą jej wsadzić na barki, by ugięła się pod jej ciężarem i w efekcie przegrała z konkurencją. Ta misja to święty obowiązek TVP i jedyna racja jej istnienia. Jeżeli programy informacyjne są lepsze gdzie indziej, a wielu mądrych ludzi mówi, że są, jeżeli kanał informacyjny jest lepszy gdzie indziej, a – jeśli wierzyć gazetom – jest to opinia powszechna, krótko mówiąc, jeżeli misję lepiej wypełniają inni, i to za darmo, to za co i po co płacić? Wypełnianie misji jest świętym obowiązkiem TVP w kraju, w którym średni poziom wykształcenia jest wciąż bardzo niski. W kraju, w którym książki są relatywnie bardzo drogie. W kraju, w którym miliony młodych ludzi nie mogą pójść do teatru czy opery. W Polsce musi istnieć choć jeden kanał telewizji publicznej, który ambitne programy daje od rana do wieczora. I ma to być Jedynka albo Dwójka. Misja ma być na sztandarze, a nie w kieszeni. Ma być eksponowana, a nie chowana po nocy albo w kanałach tematycznych. Jasne, że można zrobić w TVP kanał Klasyka, gdzie od rana do wieczora będzie się dawało koncerty muzyki klasycznej. Statystyka się poprawi, a w tym samym czasie w Jedynce czy w Dwójce będzie jeszcze więcej śmieci. Jakość publicznej telewizji mierzona tym, co pokazują jej główne kanały, jest kluczowa i dla telewizji, i dla kraju. Ta sprawa zasługuje na wielką debatę. Na wielką debatę, a nie na wielką biesiadę.

A gdy publiczna z nazwy telewizja będzie już należała do publiczności, trzeba się będzie zastanowić, co zrobić, by to jej upublicznienie zagwarantować. Należy wtedy doprowadzić do stuprocentowej dyscypliny w płaceniu abonamentu i jednocześnie ograniczyć czas nadawania w telewizji reklam. Można to zrobić tak jak w Niemczech, gdzie publiczna telewizja nie może ich nadawać w weekendy i dni wolne od pracy, a w inne dni także po dwudziestej. W pozostałym czasie antenowym dzienna porcja reklamy nie może przekroczyć dwudziestu minut. Można to zrobić jak w publicznej duńskiej TV2, gdzie reklamy można nadawać tylko w przerwach między programami i w ściśle ograniczonym zakresie. Telewizja publiczna musi mieć zagwarantowany dzięki abonamentowi absolutny spokój ekonomiczny. Właśnie po to, by nie panowała w niej obsesja na punkcie zarabiania pieniędzy i by wszyscy mogli się skoncentrować na robieniu dobrego programu.

ESTETYKA

To smutne, ale patrząc na obecny stan TVP, z nostalgią myśli człowiek o TVP z czasów zamierzchłego PRL-u. I to nawet o niektórych ludziach, których można było zobaczyć, tak, tak, w *Dzienniku Telewizyjnym*. Karol Małcużyński, Bartosz Janiszewski, Henryk Kollat, Maciej Słotwiński, Jacek Kalabiński, Jerzy Ambroziewicz. Może nie byli to w komplecie ludzie ze spiżu. Ale mieli wielką wiedzę, znajomość języków, erudycję, a niektórzy – tak jak Małcużyński – kartę stałego wstępu do europejskich elit towarzyskich. Jasne, że wśród nich i obok nich byli współpracownicy służb oraz partyjni funkcjonariusze, ale tych kilku wspomnianych wyżej dziennikarzy TVP potrafiło mnie i bardzo wielu innych zafascynować dziennikarstwem, obudzić w nas zainteresowanie polityką światową i marzenia o tym, by kiedyś się nią zająć. Przez

177

litość dla współczesnych nie będę porównywał personalnie tamtej przeszłości z teraźniejszością.

Jeśli program naukowy, to słynni Kurek i Kamiński, jeśli sport, to charyzmatyczni Hopfer i Ciszewski, jeśli rozrywka, to Wasowski i Przybora, jeśli widowiska, to Walter i Marzyński. Do wyboru, do koloru. Jak w zestawieniu z tym, co pokazywano w PRL-owskiej TVP, wygląda dzisiejsza jarmarczno-biesiadna rzeczywistość? Nawet słowo „gala" pożeniono z boksem. Kiedyś znana pani z telewizji prowadziła program *XYZ*. Dziś prowadzi *Bezludną wyspę*. Niestety, są na niej telewizory. Znak czasu.

Na kim mają się wzorować, oglądając TVP, dorastający dziś młodzi ludzie, skoro tandeta jest wszechobecna? Przecież płacimy abonament właśnie po to, by nie oglądać w niej ogłupiających ludzi *reality shows*. Płacimy za to, by oglądać rzeczy, które nigdy nie schodzą poniżej pewnego estetycznego standardu. A w TVP z tymi estetycznymi standardami jest niemal taki kłopot jak z etycznymi. Zamiast wyrafinowanych argumentów – cepy, zamiast oryginalności – banał. Wszystko sprowadzone do taniej anegdoty. Jak Papież, to nieustannie kremówki, jak Europa i Unia Europejska, to wtłaczany na okrągło do głowy Beethoven. Jak akcja charytatywna, to wrzask i „róbta, co chceta". Jak muzyka, to Sopot albo Enrique z playbacku. Zęby bolą. Kwintesencją tego był prezes Kwiatkowski wręczający Papieżowi nagrodę „dla największej gwiazdy TVP". Najwidoczniej pretensjonalność, brak gustu, brak taktu i brak wyczucia sąsiadują z nadzwyczajnym „wyczuciem politycznym".

To wszystko dałoby się szybko zmienić. Są ludzie, którzy potrafią to zrobić. Bardzo wielu z nich chodzi nawet po korytarzach na Woronicza. Tylko tak trochę pod ścianami chodzą.

KTO JEST WINNY?

Politruków jest w TVP tylu, że ten i ów nie ma problemów z rozgrzeszeniem się. Robię, co mi każą, bo jakbym przestał robić, co mi każą, to w ogóle przestałbym robić. Takie rozumowanie pomnożone przez iks gwarantuje, że wszystko tonie w cynizmie, w strachu, w dyspozycyjności. Lepiej nie dawać sobie tak łatwo rozgrzeszenia. Bo być dziennikarzem telewizji publicznej, być dziennikarzem w ogóle, to zobowiązanie. Trzeba się zdecydować, kto jest naszym panem. Miliony bezimiennych ludzi, którzy może czasem wyrażą nam podziękowanie za pracę, a może i nie, czy ludzie, którzy chcą w mediach załatwić jakieś interesy, takie, owakie, w każdym razie swoje? To jest decyzja fundamentalna. Wszystko inne jest jej konsekwencją. Czy jesteśmy wierni ludziom i zasadom, czy politycznym dysponentom? Albo – albo. Czy mówimy prawdę i tylko prawdę? A może prawdę i nie tylko prawdę. Czy służymy pluralizmowi politycznemu, czy politykom jednej partii? Czy służymy informowaniu ludzi o tym, co się dzieje w gospodarce, czy służymy oligarsze, który część tej gospodarki próbuje ustawić pod siebie? Niezależność nie jest czymś, co dostaje się w prezencie. Jest czymś, co trzeba codziennie zdobywać. I czasem to zdobywanie jest bolesne. Ale bez owej niezależności dziennikarstwo nie ma sensu.

To zdobywanie niezależności i jej obrona bywały bolesne nawet w Ameryce, gdzie jej gwarancje są mocne i dawne. Gdy w 1972 roku dziennik „Washington Post" wyciągnął na światło dzienne aferę Watergate i przez kilkadziesiąt miesięcy ją pilotował, prezydent Richard Nixon i jego ludzie chcieli gazetę zabić. Dosłownie. Próbowali ją zdemolować ekonomicznie, odbierając jej należące do niej stacje telewizyjne. Bankructwo było wtedy dla gazety całkiem realną perspektywą. Ale jej szefowie nie ugięli się. Postawili na swoim, a reporterom pozwolili robić swoje. Opłaciło się. Dziś rozgryzanie Watergate uchodzi za symbol zaangażowanego śledczego dziennikarstwa, a postawa wydawców „Washington Post" jest uznawana za wzór do naśladowania. Gdy w 1971 roku „Washington Post" i „New York Times" chciały opublikować dokumenty pokazujące, jak doszło do amerykańskiego zaangażowania w Wietnamie, tak zwane *Pentagon Papers*, Biały Dom i ministerstwo obrony chciały wstrzymać publikację. Oba dzienniki i tym razem się nie ugięły. Rząd zwrócił się więc w akcie desperacji do sądu. A wierny zasadom wolności słowa Sąd Najwyższy stanął po stronie gazet.

Jasne, łatwiej w Ameryce niż w Polsce, łatwiej dziennikom „Washington Post" i „New York Times" niż „Głosowi Pabianic". Ale idzie o zasady. Jeśli zostaną złamane, nie będzie żadnych standardów, żadnych reguł. Najważniejszą monetą jest w mediach i w dziennikarstwie wiarygodność. Można mieć zresztą i wiarygodność, i zysk, bo gdyby było inaczej, nie moglibyśmy czytać ani „Washington Post", ani „New York Timesa". W punkcie wyjścia trzeba jednak pamiętać, że psim obowiązkiem mediów i nas, dziennikarzy, jest służba ludziom, społeczeństwu oraz kontrolowanie rządzących i stałe patrzenie im na ręce, a nie słuchanie poleceń władzy. Tu nie ma żadnych odcieni. Albo biel, albo czerń. Trzeba walczyć. Jak? Powtarzam bez końca: trzeba umieć robić rzeczy niepopularne, trzeba umieć pójść pod prąd i jeśli nie ma innego wyjścia, wejść w zwarcie. Czasem trzeba umieć histeryzować – nie reagują na argumenty, to może zareagują na krzyk? Trzeba umieć stawiać na swoim i nie martwić się, że przylepią nam etykietkę „konfliktowy". Niech Bóg nas broni przed niekonfliktowymi dziennikarzami. Trzeba walczyć nawet o detale dziś, by nie być bez szans na zwycięstwo w walce o większą stawkę jutro; trzeba umieć stracić pracę dziś, by zyskać ją jutro; trzeba pamiętać, że ma się tylko jedną twarz i tylko jedno nazwisko i że twarz i nazwisko traci się tylko raz; trzeba pamiętać, że wolność słowa jest wielkim przywilejem, który mamy, choć większość z nas ma go dzięki ofiarom i poświęceniu innych. Musimy na ten przywilej zasłużyć.

CO ROBIĆ?

Polska demokracja jest tak chora między innymi dlatego, że media publiczne w Polsce wyglądają tak, jak wyglądają. Stan mediów to skutek problemów demokracji. Ale ów stan jest też powodem pogłębiania tych problemów. Każda demokracja, a młoda demokracja przede wszystkim, potrzebuje jak najszerszej przestrzeni na debatę publiczną. W takiej debacie nie może zabraknąć żadnego ważnego głosu. Żadne ważne stanowisko nie może być zepchnięte na margines. Nie będzie takiej debaty bez prawdziwie publicznej telewizji. Wolnej, niezależnej, służącej prawdzie i ludziom. Byłaby ona jak świeże powietrze wpuszczone do zatęchłego pomieszczenia. Mimo wszystko mam wielką nadzieję, że w Polsce taka telewizja publiczna będzie. W każdym razie warto się starać, by taką była. Krzycząc, gdy dzieje się w niej źle. Broniąc zasad, gdy się w niej pracuje. Wyrażając solidarność z tymi, którzy w niej pracują i tych zasad bronią. Piętnując polityków, którzy dybią na jej cnotę.

O wolność prasy musimy walczyć wszyscy. I, patrząc na to, co dzieje się przy okazji afery Rywina, sądzę, że ogromna większość mediów i dziennikarzy walczy o nią tak, jak trzeba. Widzę poczucie misji, widzę wierność zasadom, widzę chęć służenia ludziom, czytelnikom, widzom, słuchaczom. To dzięki nam, dziennikarzom, powstała komisja śledcza, to dzięki nam przesłuchania przed nią są jawne, to dzięki większości z nas miliony ludzi dowiadują się, co się dzieje na jej posiedzeniach i co się dzieje w Polsce. Większość polskich dziennikarzy robi swoje. „Gdyby trzeba było wybierać między wolnym rządem a wolną prasą – pisał Thomas Jefferson – niech nas Bóg broni przed takim wyborem, wybrałbym wolną prasę. Jeśli moralne i kulturalne instytucje ulegną zepsuciu, jeśli ta sól straci swój smak, zaniknie sfera uporządkowanej wolności. Państwo zostanie skazane na podział i i autodestrukcję, gospodarkę ogarnie hedonizm i bezwzględna pogoń za korzyścią. Dlatego niezbędne dla demokracji jest zachowanie pierwszeństwa przez instytucje gwarantujące swobodę sumienia i przepływu informacji". Skąd Jefferson wiedział, jak będzie wyglądała Polska 2003 roku? A właśnie tak wygląda. Nie, nie będzie łatwo to zmienić. Ale i tu – trzeba próbować. Może się uda.

PRZYWÓDZTWO

Trzeba nam nowej generacji przywódców,
bo do zdobycia są nowe światy.

John Kennedy

KOMU POCHODNIA

Czasem aż się chce słuchać prezydenta. Choćby ten fragment jego wystąpienia na Wawelu: „W latach drugiej wojny światowej w Krakowie działy się rzeczy, którym zawdzięczamy ważne dziedzictwo dwudziestego wieku. Młody seminarzysta Karol Wojtyła widział flagę ze swastyką nad murami wawelskiego zamku. Dzielił cierpienia całego społeczeństwa i brał udział w przymusowych robotach. To kapłańskie doświadczenie i wiara zaowocowały nową wizją: należy szanować godność każdego człowieka, gdyż Bóg zna i miłuje każdą osobę. Po wielu latach wizja i odwaga tego człowieka przeraziły tyranów i przyniosły wolność jego ukochanemu krajowi oraz wyzwoliły połowę kontynentu. Dziś papież Jan Paweł II nadal broni godności każdej żywej istoty i daje wyraz najwyższym aspiracjom naszej wspólnej kultury. (...) Dziękuję wam za gościnność. Dziękuję za wyrazy przyjaźni. Niech Bóg błogosławi ten wielki naród, niech bóg pobłogosławi wszystkich Polaków".

Dobrze, gdy jest przywódca, który mówi do nas tak pięknie, niemal porywająco, jak mówił do nas prezydent Bush. Jeśli przejawem przywódczego talentu jest wyczuwanie nastroju chwili, bezbłędne wyłapywanie kontekstu, umiejętność użycia właściwych słów we właściwym momencie, zdolność do opakowania chwili i historii w słowa, a jest właśnie tak, to George Bush tę część ekwipunku przywódcy zabrał ze sobą w drogę. Chciałoby się, żeby coś takiego powiedział nam polski przywódca, ale dobrze, że powiedział nam to ktokolwiek. Jasne, nie słowa decydują o tym, czy ktoś jest przywódcą, czy nie. W każdym razie nie przede wszystkim słowa. Choć trudno znaleźć prawdziwego przywódcę, który nie potrafi zrozumieć wagi słów i który nie potrafi czynić z nich użytku. Ale wyjdźmy poza słowa. Może nasi politycy mają kłopoty z werbalizacją wielkich myśli, i to ich jedyny mankament.

Były w III Rzeczypospolitej momenty wielkości polityków – naszych liderów. Musiały być. Bez nich nie bylibyśmy, jako naród, w punkcie, w którym jesteśmy. Był niezbędny w Polsce gospodarczy plan, za który jego autor, były wicepremier, do dziś płaci – jakże niezasłużenie – cenę społecznej nienawiści, a którego akuszer, premier, zapłacił nie tylko cenę wyborczej klęski, ale także wyborczego upokorzenia. Panowie Mazowiecki i Balcerowicz do dziś muszą nieść ten ciężar, ale mają prawo odciążyć się, wiedząc, że dowiedli swej wielkości, że zrobili – nie zważając na koszty własne – to, czego potrzebowała Polska. Była wielkość w Lechu Wałęsie, gdy w kwietniu 1993 roku w czasie uroczystości otwarcia Muzeum Holocaustu razem z Vaclavem Havlem powiedział prezydentowi Clintonowi, że historia nie wybaczy mu, jeśli nie doprowadzi do rozszerzenia NATO o kraje, które tyle wycierpiały w czasach komunizmu. Była wielkość w Aleksandrze Kwaśniewskim, gdy w imieniu narodu mierzył się z tragedią Jedwabnego. Tak, były momenty chwały, ale jeśli dzisiaj polska demokracja przeżywa kryzys, tak jak kryzys przeżywa wiara ludzi w demokrację, to także dlatego, że były to tylko chwile.

W czasach przełomu narody potrzebują wielkości swych przywódców. Ameryce tę wielkość i autentyczne przywództwo dali Waszyngton, Lincoln i Roosevelt, Wielkiej Brytanii – Churchill, Francji – de Gaulle, Niemcom – Adenauer. Większość z nich zapłaciła za to wielką cenę. Lincoln – ginąc w zamachu, Roosevelt – umierając, nie dokończywszy dzieła, de Gaulle – odrzucony przez Francuzów, którym dosłownie narzucił wielkość, Churchill – odrzucony przez wyborców w momencie prawdziwej glorii. Czy którykolwiek z nich, wiedząc o cenie, jaką przyjdzie mu zapłacić, uchyliłby się od tego, co sprawiło, że trzeba ją było zapłacić? Na pewno nie. Nie, bo byli wielkimi przywódcami. Jakoś nie widać u nas na horyzoncie podobnych do nich gigantów. Gdzie okiem sięgnąć, patologiczni zadowalacze opinii publicznej, oportuniści gotowi powiedzieć wszystko wszystkim, byle tylko zyskać w sondażach choćby punkcik albo przynajmniej nie tracić ani punkcika. Może nie ma się czym przejmować? W końcu już de Tocqueville mówił, że w okresie pokoju większość polityków to mierноты, bo w takich czasach ludzie wybitni znajdują sobie ciekawsze rzeczy do roboty niż walka o władzę. Może miał rację. Problem w tym, że nie mamy w Polsce zwykłych czasów, czasy są niezwykłe. To czasy wielkiego przełomu. Nie jest to okres pokoju, ale raczej niepokoju.

Nasi politycy muszą mieć o nas bardzo złe zdanie. Chyba dlatego ciągle odwołują się nie do tego, co w nas wielkie i najlepsze, ale do tego, co w nas godne pogardy. Nie odwołują się do naszego idealizmu, ale do naszego cynizmu, nie odwołują się do naszego poczucia solidarności, ale do naszego egoizmu, nie do naszego altruizmu, ale do naszej zawiści, nie do naszej nadziei, ale do naszego strachu, nie do naszej dumy, ale do naszych kompleksów. Traktują nas jak słabych głupców, których trzeba traktować jak przedmiot, a nie jak podmiot. Obiecują nam wszystko, co chcemy, nie zawracając sobie głowy tym, czy jest jakakolwiek szansa na spełnienie tych obietnic. A ponieważ nie są przez nas karani, czynią to notorycznie. Jesteśmy rządzeni przez recydywistów cynizmu, kłamstwa, przez komiwojażerów rozdających obietnice nie do spełnienia. Ludzie zawiedzeni przez jednych, oddają władzę drugim, zawiedzeni przed drugich, ponownie oddają ją pierwszym. I nic. Bez zmian.

Co z tego, że państwo ugina się pod wielkimi obciążeniami finansowymi, skoro naród woła „jeszcze"? Patologiczni zadowalacze nie mówią „nie ma i nie będzie". Obiecują, że będzie, bo „tak dalej być nie musi" albo „nie może". Zadowalacze obiecują, bo wiedzą, że nie wygrywa się wyborów, mówiąc, iż jakieś postulaty są nie do spełnienia i że pewnych obietnic dać po prostu nie można. Nasi kandydaci na przywódców patrzą i się uczą. Kandydat na wicepremiera od finansów mówi tuż przed wyborami, że bez pewnych cięć jednak się nie obejdzie, i jego ugrupowanie traci w sondażach kilka punktów. Akurat tyle, by stracić też szansę na jednopartyjne, nie koalicyjne rządy. Fakt, trudno być przywódcą i przekonać do wielkiego wysiłku i sprostania potężnym wyzwaniom ludzi, którzy uważają, że trzeba dorzucać do bankrutujących fabryk, a nie inwestować w rozwój, co zapobiegłoby bankructwu całego państwa. Inna sprawa, że ludzie myślą właśnie w taki sposób, bo przez długie lata byli poddani określonemu treningowi. „Wszystko jest możliwe. My wam to damy. Oni mówią, że się nie da? Da się, tylko dajcie nam władzę, to zobaczycie. Jest wam trudno? To przez Balcerowicza, Balcerowicz musi odejść". Mamieni przez polityków ludzie zostali w końcu skutecznie omamieni, a teraz nieszczęśni politycy są sparaliżowani przez oczekiwania omamionych. Kółko się zamknęło.

Skutek musiał być dokładnie taki, jaki jest. Nasze reformy utknęły, stanęły w miejscu. Nie mogło być inaczej, skoro niemal każda trudna decyzja była odkładana na później, każde wyzwanie było zrzucane na barki następców, każda prawda była chowana pod dywanem. Reforma górnictwa? Może za rok. Cięcia wydatków? Poczekajmy, to temat delikatny społecznie. Nadużycia z KRUS-em? Jeszcze nie teraz, nie można antagonizować koalicjanta z PSL-u. Kłopoty z przekazywaniem pieniędzy otwartym funduszom emerytalnym? Wyemitujmy obligacje, przecież nie my będziemy je spłacać. Jeszcze dzień, jeszcze dwa, tak mijają lata, jak śpiewał o latach PRL-u Gintrowski. I lata mijają, lata, w czasie których Polska, zamiast odrabiać stracony przez dziesięciolecia dystans, zostaje jeszcze bardziej z tyłu. Tchórzliwi, kunktatorscy politycy doprowadzili do sytuacji, w której reformowanie gospodarki i kraju jest coraz trudniejsze, bo o wolę polityczną i o zgodę społeczną, a przynajmniej o społeczne przyzwolenie, coraz trudniej, bo sytuacja coraz bardziej skomplikowana, bo koszty reform coraz większe, bo zemsta elektoratu byłaby straszna, a aktyw nie ma ochoty na utratę stanowisk.

NA CZYM POLEGA PRZYWÓDZTWO?

Polityka, a przywództwo w szczególności, to bardzo trudny kawałek chleba. Są ludzie, będący prawdziwymi przywódcami, którzy w pewnych sprawach podjęli pełną determinacji walkę, mieli rację, inni nie. Jednych historia nagrodziła oklaskami, innych druzgocącymi recenzjami. Niektórzy stracili popularność, by po czasie ją odzyskać, inni stracili ją bezpowrotnie. Niektórzy demonstrowali odwagę przez całe życie, inni żeglowali z wiatrem, aż nadchodził decydujący, definiujący moment, gdy znajdowali się w miejscu, w którym był sztorm. Jedni byli absolutnie bezkompromisowi, inni czynili cnotę z szukania kompromisu. Dzieliło ich wiele. Łączył fakt, że w którymś momencie położyli na szali wszystko. Zagrali kartami, które mieli, wiedząc, że gdy nadejdzie „sprawdzam", mogą ponieść klęskę. Wystarczy spojrzeć na byłych prezydentów i premierów w Polsce. Większość z nich w prywatnych rozmowach nawet nie ukrywa frustracji. Byli na szczycie, ale albo za krótko, albo coś poszło nie tak, albo odeszli nie w takich okolicznościach, jakby chcieli, albo nie zostali docenieni tak, jak docenieni być powinni. Co z tego wynika? Nic. Bo prawdziwi przywódcy wiedzą, że cena jest wysoka i prędzej czy później przyjdzie ją zapłacić. Dlatego prawdziwy przywódca nie myśli o tym, jak to będzie na politycznej emeryturze, nie kalkuluje, co się stanie, gdy coś się nie uda. Prze do przodu. Jak to napisał biograf prezydenta Harry'ego Trumana: „Wielcy prezydenci to ludzie, którzy sprawiają, że ci, którzy za nimi podążają, dają z siebie więcej, niż sądzili, że są w stanie dać". Żaden przywódca narodu nie może ignorować opinii ludzi. Ale zadaniem przywódcy nie jest odzwierciedlanie opinii publicznej. Od tego są ludzie, którzy robią sondaże opinii publicznej. Zadanie stojące przed przywódcami to zmienianie tej opinii, kształtowanie jej, a jeśli to konieczne, rzucanie jej wyzwania. Łatwo jest być popularnym. Trudniej robić rzeczy niepopularne albo nie robić rzeczy, które gwarantowałyby tani poklask. Można tu zastosować całkiem prostą formułę, którą stosuje premier Tony Blair. Powtarza on, że „trzeba zrobić to, co jest właściwe". W sprawie Iraku, gdy wielokrotnie musiał iść pod prąd opinii publicznej i opinii prominentnych członków swojej partii, mówił: „Dlaczego nie zrobimy po prostu tego, co powinno się zrobić". Proste? Chyba nie takie proste, skoro odkrywcza natura tego stwierdzenia sprawiła, iż poświęcono mu wielki artykuł w weekendowym wydaniu dziennika „Financial Times". Jakże szokujące, że polityk wygłasza opinię, z której wynika, że chce podejmować decyzje jak zwykły, przyzwoity, moralny człowiek. „Jeżeli nie wiesz, jak się zachować, zachowaj się przyzwoicie" powiedział Antoni Słonimski, ale nie polityków w szczególności miał chyba na myśli.

By uczynić „to, co powinno się uczynić", trzeba w naszych czasach wielkiej odwagi. Bez odwagi nie można zresztą mówić o żadnym przywództwie. Prawdziwy przywódca musi mieć to, co Hemingway określił jako *grace under fire*, wdzięk pod ostrzałem. Potrzebna mu jest umiejętność bycia niepopularnym, by czasem, ale tylko czasem, i to często już po utracie władzy, uzyskać od życia jakieś zadośćuczynienie. Trzeba umieć pogodzić się z tym, że będzie się oplutym. W naszej polityce nie sposób znaleźć polityka, który nie byłby opluty. Od czci i wiary odsądzano nawet bohaterów i herosów. Przede wszystkich ich. Ale to nie jest największy problem. Ten największy zaczyna się, gdy polityk jest opluwany i nie można powiedzieć, że jest to całkowicie nieusprawiedliwione. W 1864 roku magazyn „Harper's Weekly" opublikował listę epitetów, którymi obrzucano Abrahama Lincolna. Były wśród nich: despota, kłamca, złodziej, bufon, uzurpator, potwór, włamywacz, rzeźnik. Przeciwnicy zarzucili mu nawet, że jest najbrzydszym człowiekiem w kraju (fakt, ładny nie był). Gdy jego rywal dorzucił do tego, że Lincoln jest człowiekiem o dwóch twarzach, ten odpowiedział rozbrajająco: „Czy gdybym miał drugą twarz, pokazywałbym tę?" Innego wielkiego amerykańskiego prezydenta, Franklina Delano Roosevelta, nazywano syfilitykiem, kłamcą i bolszewikiem. Obaj radzili sobie z tym, bo mieli świadomość własnej siły i racji oraz świadomość celu. Poza tym postępowali zgodnie ze słowami Harry'ego Trumana: „Jeśli w kuchni jest za gorąco, zawsze można z niej wyjść".

Prawdziwy przywódca w wielu momentach musi odczuwać wielką samotność. Ale może sobie z nią poradzić, jeśli stoi za nim racja moralna, jeśli ma przekonanie, że to, czego chce, naprawdę jest dobre dla jego kraju. Jeśli w istocie jest, to w sprzyjających okolicznościach można tą ideą zarazić innych. Trzeba tylko (aż) odpowiedniej odwagi. Zgodnie z twierdzeniem innego amerykańskiego prezydenta: „Jeden człowiek plus odwaga daje większość". Ludzie naprawdę odważni w krytycznych dla narodu chwilach rozpoznają to, co trzeba zrobić, i po prostu to robią. Ale o tej odwadze muszą pamiętać wszyscy, bo – jak mawiał Kennedy – „naród, który zapomina o tym, jakim walorem jest odwaga, nie nagrodzi jej u swych liderów".

I jeszcze jedna cecha, którą muszą mieć prawdziwi przywódcy: uczciwość. Polityka wymaga specyficznej kombinacji cech, które teoretycznie całkowicie się wykluczają. Wymaga graniczącej z cynizmem umiejętności kalkulowania, a jednocześnie uczciwości. Nie jest przypadkiem, że dwóch spośród trzech największych amerykańskich prezydentów, Waszyngtona i Lincolna, określano przydomkiem „uczciwy". W 1976 roku, w czasie kampanii prezydenckiej, jeszcze niedawno zupełnie nieznany Amerykanom Jimmy Carter obiecywał: „Nigdy was nie okłamię". I nie okłamał, a mimo to jego prezydenturę uznano za całkowitą porażkę. Co z tego, że Carter nie okłamywał ludzi, skoro inflacja rosła, stopy procentowe rosły, bezrobocie rosło, deficyt rósł, Amerykanie dostawali w kość w Salwadorze, zostali wypchnięci z Iranu i bezradnie patrzyli, jak czerwonoarmiści rozsiadają się w Afganistanie. Uczciwość najwyraźniej nie wystarcza. Problem w tym, że rządy wyzute z uczciwości prowadzą do pełnej degrengolady. Przykładem los Nixona.

Jak to jest z tą odwagą naszych polityków? Jak to jest z ich umiejętnością i gotowością pójścia pod prąd? Jak to jest z ich uczciwością? Różnie jest, bo obok drani i złodziei są ludzie uczciwi. Ale zasoby odwagi, męstwa i honoru nie są wystarczająco głębokie, skoro nasz demokratyczny pociąg jakby wypadał z torów.

PRZYKŁADY PRZYWÓDZTWA

W trudnych chwilach wielu narodów pojawiali się ludzie, którzy potrafili zjednoczyć naród i wyzwolić z obojętności i apatii. Max Weber pierwszy użył greckiego terminu „charyzma". Co to jest ta charyzma? Trudno powiedzieć. W każdym razie ci charyzmatyczni przywódcy sprawiają wrażenie, jakby byli wiedzeni przez często niewypowiedziane pragnienia ludzi. Inna sprawa, że czasem wydaje się, iż to oni definiują pragnienia ludzi.

Po drugiej wojnie światowej Francja wpakowała się w wojnę w Wietnamie, potem w wojnę domową w Algierii. Wtedy inflacja wynosiła sto procent rocznie i rosła. W lecie 1958 roku francuscy spadochroniarze chcieli przeprowadzić z Algierii inwazję na Paryż i obalić IV Republikę. Wtedy do akcji wkroczył de Gaulle, który ogłosił V Republikę. Niedługo potem ten wielki francuski prezydent doprowadził do zakończenia wojny w Algierii, unowocześnił armię, ustabilizował franka, zapewnił krajowi gospodarczy wzrost, przywrócił Francji stabilizację, a Francuzom dał szacunek dla samych siebie. Człowiek, który w czasie drugiej wojny i tuż po niej siłą własnej woli, samodzielnie przeniósł upodloną Francję w nowe czasy, stwarzając mit jej niewinności i wielkości, wybawiał ją po raz drugi. W 1950 roku Jacques Soustelle, jeden z doradców de Gaulle'a, powiedział prezydentowi, że według przeprowadzonego przez niego wśród przyjaciół nieformalnego sondażu „wszyscy ci przyjaciele sprzeciwiają się pana polityce". „*Changez vos amis*", zmień przyjaciół, odpowiedział de Gaulle. Zgoda, w epoce telewizyjnej ktoś tak niezgrabny, z takim podbródkiem jak de Gaulle nigdy nie zrobiłby pewnie żadnej kariery. Ale w tamtej, przedtelewizyjnej, epoce również było wielu tchórzy, ludzi małych i pozbawionych wyobraźni. De Gaulle przerastał ich (także dosłownie) o kilka głów. Tu kryła się tajemnica. Miał coś jeszcze. Wynikające być może trochę z egotyzmu i egocentryzmu, trochę narcystyczne, a trochę mesjanistyczne przekonanie, że jego przeznaczeniem jest Francja i że on jest przeznaczeniem Francji. Świetnie wyraził to Walter Lippmann, gdy stwierdził, że wielkość de Gaulle'a nie polegała na tym, że de Gaulle był we Francji, ale na tym, że Francja była w nim.

Prawdziwi przywódcy potrafią zagrać najmocniejszą kartą i zaryzykować wszystko, co mają. W 1977 roku prezydent Egiptu Anwar Sadat pojechał do Izraela, by przetrzeć drogę do pokoju i pokonania mającej już ponad tysiąc lat nienawiści. Jemu pewnie też przyjaciele mówili, by tego nie robił, bo cena może być straszna. On doskonale wiedział, że cenę trzeba będzie zapłacić. I postanowił ją zapłacić, bo tego wymagała racja stanu. Nie był kolejnym kunktatorem, był tytanem. A premier Izraela Icchak Rabin? Gdy w 1993 roku rozmawiałem z nim w siedzibie izraelskiego ministerstwa obrony, nie miałem wrażenia, że rozmawiam z typowym politykiem. Nie przymilał się, nie kokietował. Był jak skała, jak przystało na byłego szefa sztabu izraelskiej armii, który walczył w kilku wojnach. I oto ten starszy mężczyzna o stalowym spojrzeniu postanowił położyć wszystko na szali, by doprowadzić do pokoju z Palestyńczykami. Zapewne niejeden przyjaciel mówił mu: „Icchak, nie rób tego, bo zginiesz". Zresztą może mu nawet tego nie mówili, bo wiedzieli, że jeśli Rabin coś postanowi, jeśli uzna, że coś trzeba zrobić, to nikt go od tego nie odwiedzie.

Icchak Rabin, tak jak Anwar Sadat, zrobił to, co należało zrobić, bo tego wymagała jego zdaniem racja stanu, interes jego państwa. I, tak jak Sadat, zginął. I tak jak o Sadacie, do dziś mówimy o nim „mąż stanu".

Takim przywódcą mógł być u nas Lech Wałęsa. To on sprostał najtrudniejszej chwili, to on symbolizował demokratyczne i niepodległościowe aspiracje narodu, to on uosabiał nadzieje ludzi na przełom. Ale wielki w walce – w latach 1980, 1981 i 1982 – zawiódł, gdy walkę trzeba było prowadzić innymi metodami. W 1988 roku, gdy wystąpił w debacie z Miodowiczem, miliony Polaków miały poczucie, że Polska jest w nim. Niestety, on sam doszedł do wniosku, że on jest Polską. Pogubił się, to odgrywając rolę latającego Holendra, to biegając z siekierką, to wymieniając zderzaki, to mówiąc, że jest stuprocentowym Polakiem, to wspierając lewą nogę. Kiedyś Wałęsa grał w tej samej lidze, co wielcy Nelson Mandela i Vaclav Havel. Dziś oni dalej są w światowej pierwszej lidze, on zaś tuła się z wykładami po coraz gorszych uniwersytetach. Był wielkim przywódcą, ale jego przywództwo nie stało na moralnym i intelektualnym fundamencie. I zwietrzało. Wałęsa był herosem, ale okazał się zwykłym politykiem. Zwykli politycy okazali się za słabi, by odegrać rolę herosów.

Zresztą, co tu mówić o herosach. Nasze problemy są z innej półki. W polskiej placówce dyplomatycznej prezydent spotyka się z przestępcą, bo przestępcą był bokser, którego na moment uznano za „wielką nadzieję białych". Prezydent, premier i jeden z naszych oligarchów wspólnie ustalają skład rady nadzorczej spółki Skarbu Państwa. Poprzedni premier daje sobie wchodzić na głowę i pozwala podejmować decyzje komuś, kto nie ma do tego tytułu. Oligarcha, zapytany przez kolegów biznesmenów: „co na to premier?", odpowiada: „Premiera zaraz każę przyprowadzić na smyczy". Przywódca, który przez lata całe utrzymuje zażyłe stosunki z czołowymi biznesmenami, dopiero po siedmiu latach sprawowania władzy dostrzega, że jest w tym coś niestosownego. Premier świetnie się bawi z oligarchami i jest szczerze zdziwiony, że ktoś w tym widzi problem. Szef rządu nie widzi najmniejszej potrzeby, by poinformować prokuratora o złamaniu prawa przez biznesmena, który próbuje zarobić przy okazji prac nad ustawą medialną. Prezydent też tego nie robi, choć doskonale wie o całej sprawie. W czterdziestomilionowym narodzie na pewno jest wielu ludzi, którym nie trzeba by w momencie obejmowania przez nich władzy robić wykładów z etyki.

MORALNE PRZYWÓDZTWO

W 1932 roku Franklin Delano Roosevelt powiedział, że prezydentura to więcej, dużo więcej niż najwyższy urząd. To coś, co wymaga demonstrowania każdego dnia moralnego przywództwa. Właśnie – moralnego. Jakoś nie bał się tego słowa, które wydaje się u nas wielu „za duże". Może to nie słowo jest „za duże", ale my jesteśmy „za mali". Od kilku lat trwa w Polsce kryzys moralny. Naród popada w apatię. Wielu ludzi ogarnęło zwątpienie. Ludzie, jak w życiu, potrzebują w tym momencie słów wsparcia, potrzebują kogoś, komu bezgranicznie ufają, kogoś, kto przywróci im wiarę w Polskę i wiarę w nich samych. I w tych trudnych czasach jest człowiek, który te najważniejsze dla nich słowa wypowiada. Robi to przecież zawsze, gdy przyjeżdża z Rzymu. Niestety, rzadko przyjeżdża. A nasi „wielcy"? Co oni nam mówią? Jak nas podtrzymują na duchu? Zróbmy mały test. Przypomnijmy sobie te niezapomniane frazy naszych przywódców, które nas natchnęły, które zorganizowały naszą wyobraźnię, które ukierunkowały nasze myślenie o Polsce. Ciężko nam idzie, prawda? Są, owszem, jak to się mówi w Ameryce sound-bite'y, niezapomniane bon moty, ale mieszczą się raczej w sferze anegdotycznej. „Nie chcę, ale muszę", „Kielce, moje Kielce, kocham Was", „Prawdziwego mężczyznę poznaje się po tym, jak kończy". Prawda, że inspirujące?

Jeśli jest coś takiego jak heglowski *Geist* dla narodu, to jego ucieleśnieniem stał się na początku lat osiemdziesiątych zeszłego stulecia Ronald Reagan. Reagan nie był intelektualistą, broń Boże. Rzadko wiedział, ale doskonale czuł. Chciał, by „duch Ameryki" przemawiał przez niego i w jakiś niepojęty sposób tak to wyglądało. Reagan okazał się znakomitym przywódcą, bo miał niezwykłą umiejętność artykułowania symboli, dzięki którym naród rozumie sam siebie, staje się wspólnotą i działa jak jeden. Czterdziesty amerykański prezydent czuł, że musi oddać głos amerykańskiej historii, mówić w odniesieniu do historii narodu, odwoływać się do jego marzeń i te marzenia definiować. Często nie były to wyrafinowane parabole i porównania. Miały w sobie nawet coś tandetnego. Ale pobudzały wyobraźnię, jak słynne „Ameryka, świecące miejsce na wzgórzu". Kontekst, nastrój tamtych lat gdzieś uleciał i dziś te słowa sprawiają wrażenie zwykłej grafomanii, ale wtedy działały i trafiały do ludzi. Do ludzi prostych i do wielu intelektualistów. Jak on to robił, do dziś dla wielu jest tajemnicą. Ale udawało się. Ronald Reagan został prezydentem, gdy Amerykanie byli w koszmarnym nastroju. Afera Watergate, amerykańscy zakładnicy w Iranie, ZSRR w ofensywie (w Afganistanie i nie tylko), gospodarczy i moralny kryzys. Ameryka sprawiała wrażenie, jakby była w odwrocie, jakby wszystko, co najlepsze, było już za nią. Reagan był głęboko przekonany, że nie, że „najlepsze dni są wciąż przed nami" (to akurat z nieoficjalnego hymnu republikanów), postanowił o tym przekonać rodaków i osiągnął to. Wykazał też hemingwayowski *grace under fire*, zresztą dokładnie pod ostrzałem. Gdy dokonano zamachu na jego życie, na szpitalnym korytarzu tuż przed operacją powiedział swej żonie Nancy: „Kochanie, przepraszam, ale zapomniałem zanurkować". A mającym go operować lekarzom: „Mam nadzieję, że wszyscy jesteście republikanami". Kilka dni później, uśmiechnięty, pokazał się ludziom – Ameryka się w nim zakochała. Nie upajał się jednak tą miłością, lecz postanowił na niej zbudować coś wielkiego.

Ronald Reagan, jako się rzekło, często nie wiedział, ale czuł. Nie ma co tego lekceważyć. Gdy najlepsi sowietolodzy radzili, by wokół ZSRR chodzić na paluszkach, jakby była to zabawa w starego niedźwiedzia, który mocno śpi, Reagan powiedział, że ZSRR to imperium zła. Gdy świat piał z zachwytu nad Gorbaczowem – pojechał do Berlina Zachodniego i, stojąc tuż obok Muru Berlińskiego, powiedział: „Panie Gorbaczow, niech pan zburzy ten mur". Nie przejmował się, że zarzucano mu symplicyzm, że twierdzono, iż jest bezmyślnym, strzelającym z biodra kowbojem, który doprowadzi do trzeciej wojny światowej. Uznał po prostu, że natura komunistycznego systemu jest taka, jaka jest, i że należy o tym głośno mówić, a do tego stanąć na głowie, by komunizm pokonać. Tak rozpoczął się wielki wyścig zbrojeń, dzięki któremu Związek Radziecki musiał się przyznać do porażki, a komunizm przegrał na dobre. Reagan miał mocne przekonania, wyciągał z nich kategoryczne wnioski i podejmował, stosownie do tych wniosków, radykalne działania. I udało się. Także nam.

INSPIROWAĆ

Mamy dwie Polski, mamy młodzież, wśród której wskaźnik bezrobocia dawno przekroczył wszelkie granice przyzwoitości, mamy młodych ludzi, którzy sprawiają wrażenie zagubionych. Kto do nich mówi, kto wskazuje im drogę? Są u nas, owszem, politycy, którzy pokazują, ale winnych. Nie o to idzie. Przydałby się nam dziś w Polsce taki John Kennedy, umiejący zainspirować całe pokolenie, natchnąć miliony młodych ludzi przesłaniem, któremu są wierni do dziś.

Wielkość Kennedy'ego nie polegała na tym, że powiedział ludziom: dzięki mnie będzie wam lepiej, ale że powiedział, iż będzie trudniej, bo każdy musi teraz dać z siebie więcej, niż dawał dotychczas. Nie odwoływał się do tego, co w ludziach małe, ale do tego, co w nich wielkie. Jego prezydentura była wezwaniem do wielkości. Bycie młodym miało oznaczać bycie aktywnym. Kennedy uważał, że siła woli jest punktem wyjścia do rozwiązania problemu. Był przekonany, że wigor ma niemal moc sprawczą (kochał zresztą to słowo). O problemach mówił: „wyzwania", by podkreślić, że są to zadania, a nie kamienie, które spadają nam na głowy, ciężary, z którymi nic nie możemy zrobić. Wzywał do poświęceń, apelował, szczególnie do młodych, by dali z siebie to, co najlepsze. Mówił, że będzie prosił o wiele, i prosił o wiele. Prosił, nie obiecując nic w zamian. Kennedy rzucił młodym ludziom wyzwanie, dał im poczucie uczestniczenia w czymś nadzwyczajnym, czymś, co określi ich życie i nada mu sens. Waszyngton zapełnił się wtedy młodymi inteligentnymi prawnikami, studentami i profesorami nauk społecznych. Wielu z nich nigdy wcześniej nie myślało nawet o pracy w rządzie albo dla rządu. A teraz stali się wyznawcami nowej wiary, czuli w sobie nową energię. Nie jechali do Waszyngtonu, by zrobić kariery. W każdym razie nie tylko i nie przede wszystkim po to. Jechali, by zrobić coś dla kraju. Ich życie zostało odmienione. Ich moralną krucjatą była walka o prawa obywatelskie. Ich liderem, po śmierci Johna, został młodszy z braci, Robert, bezwzględny, zimny, ostry, agresywny.

„Człowiek ze skały", jak go nazywano, który okazał się idealistą, niemogącym przejść do porządku dziennego nad faktem, że są ludzie, którzy potrzebują pomocy, a jej nie dostają. Kennedy mógł inspirować młodych ludzi, bo potrafił do nich trafić. A trafiał, bo używał odpowiednich słów i odpowiedniego języka. Nie języka korzyści, interesów, biznesu, ale języka idealizmu, wiary, nadziei, służby. Mógł być wyśmiany, a został zrozumiany. Mogli mu zarzucić patos, a przyjęli przesłanie. Trzeba zajrzeć do jego wystąpienia inauguracyjnego, by zrozumieć, do czego się odwoływał: „Nie zapominajmy, że jesteśmy dziedzicami naszych przodków, którzy dokonali w Ameryce pierwszej rewolucji. Ale niech niesie się słowo, do naszych przyjaciół i naszych wrogów, że pochodnia została przekazana nowej generacji Amerykanów. (...) Będziemy potrzebowali kompromisu. Ale będą to kompromisy dotyczące spraw, a nie zasad. Kompromisowi może podlegać nasze stanowisko, ale częścią kompromisu nie możemy być my sami. Możemy rozwikłać konflikt interesów bez zapominania o naszych ideałach". W ustach którego polskiego polityka takie słowa nie brzmiałyby sztucznie?

PROBLEMY PRZYWÓDZTWA

Nie ma co bagatelizować problemów przywództwa czy nawet po prostu problemów związanych z byciem politykiem. Wspomniałem o tym, jak próbowano zniszczyć najwybitniejszych amerykańskich prezydentów. Abraham Lincoln, ustosunkowując się do różnych oskarżeń, powiedział krótko: „Gdybym miał czytać to, co się o mnie pisze, nie mówiąc już o odpowiadaniu na ataki na mnie, musiałbym zamknąć interes". Nie zamknął, tylko robił swoje. Tak jak wielki brytyjski premier Benjamin Disraeli, który w 1867 roku, na rok przed objęciem funkcji, mówił o podziale na biednych i bogatych i o tym, od czego musi zacząć, by ten podział przezwyciężyć. Mówił prosto: „Muszę przygotować umysły ludzi i moją partię". Aż dziw, że nie mówił o kosztach reform, o tym, że elektorat na takie radykalne zmiany nie jest przygotowany, więc nie ma co liczyć, że je zrozumie i poprze, o tym wreszcie, że – w związku z tymi kłopotami – trzeba reformy odłożyć na później. To jest, być może, największa różnica między przywódcami a nieprzywódcami. Ci pierwsi, wiedząc, że coś należy zrobić, pytają siebie i innych „jak", ci drudzy pytają „czy" i najczęściej odpowiadają „może później".

Ale krytykując niedostatki przywództwa, naprawdę warto polityków trochę docenić. W jakiej innej profesji, w kraju nietotalitarnym, człowiek poświęca niemal wszystko, w tym swą karierę, dla dobra narodu? W życiu prywatnym oczekujemy, że ludzie będą forsowali własne interesy w granicach prawa. W życiu publicznym wymagamy, by ludzie poświęcali własne interesy dla dobra państwa. Oczywiście mówimy o sytuacjach, nie tak częstych w naszej polityce, gdy ktoś idzie do polityki, bo już zrobił karierę (i jakieś pieniądze) w jakiejś innej dziedzinie. Gdy do polityki idzie nie po to, by zrobić karierę (nic w niej złego), ale by zrobić coś dla innych. Mówimy o modelu, w którym ktoś składa swe interesy na ołtarzu postępu, a nie o zwykłej polityce, w której niemal powszechnie za miarę sukcesu uznaje się przyrost gotówki na koncie.

Ale jeśli ktoś politykę i służbę traktuje poważnie, jest to dla niego wielki test. Ludzie, przyzwyczajeni do oglądania tych, których znają, lubią i kochają, całą masę czasu muszą spędzać z obcymi. Poprzeczka jest tu postawiona na niebotycznej wysokości. Nawet kochanym osobom trudno przecież czasem powiedzieć prawdę.

Nawet im trudno dochować absolutnej wierności. Wielkiej energii trzeba, by przyjaźnie traktować ludzi, których prywatnie, być może, nie chciałoby się znać. Trzeba po prostu kochać ludzi, mówi polski prezydent. Ma w tym punkcie bardzo dużo racji.

Ale ludzi warto kochać nawet bardziej niż swoją pozycję w sondażach, bo współczesną polityką bardzo często rządzą właśnie sondaże, te polityczne horoskopy. Niektórzy mówią nawet, że są one jej przekleństwem. Wszystko przez to, że w pewnym momencie, gdzieś w połowie lat trzydziestych, okazało się, iż pytając o zdanie kilkuset ludzi, można przewidzieć wyniki wyborów. Ilu polityków byłoby mężami stanu, gdyby nie sondaże „podpowiadające" im, co robić, i gdyby nie malejące wskaźniki popularności, pokazujące często nie, że ktoś zrobił nie to, co trzeba, ale że zrobił nie to, co się ludziom podoba. Ale sondaże są. Jak napisał Walter Lippmann: „Z pewnymi wyjątkami, które można określić jako cud natury, politycy są w demokracji ludźmi zastraszonymi, którzy nigdy nie czują się pewnie. Najważniejsze jest dla nich nie to, czy określony punkt widzenia jest prawidłowy, ale to, czy jest popularny, nie to, czy jakiś plan przyniesie skutek i okaże się uzasadniony, ale to, czy polubi go elektorat". Trafna charakterystyka. Jest tylko pewien mały problem. Sondaże są i będą. Być może dopiero w naszych czasach naprawdę trzeba mieć kręgosłup, by postawić na swoim, wiedząc, jakie będą tego skutki.

POTRZEBA PRZYWÓDZTWA

Najpierw cytat: „(...) na przeciwległym biegunie leży postawa naiwna, utopijna, moralizatorska. Jej wyznawcy ubolewają nad brutalnością polityki i lubują się w czczych nawoływaniach do moralnego odrodzenia. Tymczasem to nie jest takie proste. Historia nie jest idyllą, a biografie polityków żywotami świętych". Napisał to prezydent Aleksander Kwaśniewski w artykule wydrukowanym w Ameryce. No to widzę, że jestem na bardzo przeciwległym biegunie, bo uważam, że w Polsce potrzeba takiej postawy – być może naiwnej, być może utopijnej i bardzo moralizatorskiej. Bo mamy już taki deficyt moralności i taki zalew oportunizmu, że źle się robi. Ubolewam nad brutalnością polityki, bo widzę, że nie jest to brutalność w walce o zasady, ale brutalność w walce o dostęp do koryta.

Mam wielki szacunek dla naiwnego, utopijnego i moralizatorskiego Vaclava Havla, który w swojej książce *Siła bezsilnych* wyrażał nadzieję na nadejście nowej generacji polityków, którzy mieliby odwagę mówić prawdę i stawiać zasady ponad partyjną lojalność. Jasne, nie wszyscy Havla w Czechach lubili, bo mówił ludziom to, co chciał powiedzieć, i to, co powinno było być powiedziane, a nie to, co chcieli usłyszeć. Stracił sporo ich sympatii, ale zyskał sporo szacunku. Postępował tak, mimo że wiedział, iż demokracja nie lubi niepopularnych decyzji i słów, które nie niosą pochlebstw. Wiedział też, że miarą wielkości polityków w demokracji jest to, czy gotowi są podejmować decyzje niepopularne, działać i mówić, przynajmniej czasami, wbrew opinii publicznej, a czasem pewnym rzeczom się opierać, mimo publicznej presji. To, jakich mamy przywódców, zależy jednak nie tylko od cnót, jakie mają oni w genach, ale także od tego, jakie cnoty jako społeczeństwo nagradzamy, a jakie ignorujemy. Jeśli premiujemy sympatycznych swojaków, co to czasem się urżną, czasem palną głupstwo i nigdy nam nie powiedzą, że coś musimy, to wysyłamy politykom jasny sygnał. (Nie mówić o moralności, bo powiedzą, że ględzę, nie mówić o wartościach, bo powiedzą, że jestem nawiedzony, nie mówić

203

o potrzebie rozliczeń z popełniającymi nieprawości, bo powiedzą, żem oszołom, nie mówić zbyt mądrym językiem, bo powiedzą, że się wywyższam, ukryć majątek, którego uczciwie się dorobiłem, bo powiedzą, że na pewno ukradłem, a w każdym razie, że mam za dużo). Seria takich sygnałów powoduje, że mamy, kogo mamy, czyli „takich polityków, na jakich zasługujemy". Jeśli zaczniemy wysyłać inne sygnały, wskazujące, że chcemy patriotyzmu, idealizmu, kompetencji, pracowitości, przyzwoitości, uczciwości, moralności, rośnie szansa, że dostaniemy, o co prosimy. Chcemy Lepperów – dostaniemy Lepperów, chcemy Blairów – znajdą się Blairowie, chcemy Bushów – dostaniemy Busha. W czterdziestomilionowym narodzie są i tacy, i tacy. Wszystko w naszych rękach, głowach i głosach.

KOMPLEKS POLSKI

Zbudujemy drugą Polskę.

Edward Gierek

Zbudujemy drugą Japonię.

Lech Wałęsa

CAŁA NAPRZÓD

Szybko nam miny zrzedły. Gwałtowna zmiana nastrojów. Jeszcze kilka lat temu przepełniała nas duma, że pokazaliśmy światu, iż Polacy nie gęsi i swą mądrość mają. Polska rosła w siłę, ludzie żyli dostatniej, komplementów pod naszym adresem ze strony zagranicznych polityków i zagranicznej prasy było co niemiara. Gdy wicepremier Kołodko prezentował plakat, na którym Polskę symbolizował drapieżny, dumny orzeł z podpisem *POLAND BIG BANG*, śmiano się z wicepremiera, ale nie z orła. Mieliśmy być wschodnioeuropejskim tygrysem i z radością weszliśmy w tę rolę. I nagle dostaliśmy zadyszki. Co się stało? Wystarczyło, że w gospodarce zaczęło zgrzytać, że bezrobocie poszło w górę, że liczba afer szybko wzrosła, by balonik z naszym dobrym samopoczuciem został przekłuty.

Polski orzeł nigdy nie był w tak dobrej formie jak na plakacie Kołodki, ale nie jest też w tak złej formie, jak wielu się teraz wydaje. W baloniku było może trochę za dużo powietrza, ale nie stało się nic takiego, by nagle powietrze zupełnie z niego uszło. Nasze dobre samopoczucie miało, fakt, kruche podstawy, ale nie aż tak, by płomień nadziei został zdmuchnięty przez jedno czy drugie niepowodzenie. Jednak łatwość, z jaką przeszliśmy drogę od euforii do wielkiej smuty, jest zastanawiająca. Jest ona echem schizofrenii odczuwanej przez pokolenia Polaków. Z jednej strony obsesja na punkcie walorów sarmatyzmu, a z drugiej – przekonanie, że to dziedzictwo trzeba całkowicie odrzucić. Z jednej strony duma z polskości, a z drugiej – pogarda dla pawia i papugi narodów. Z jednej strony duma z naszej walki o wolność, a z drugiej – głosy, że wszystko to głupia, niepotrzebna, nieprzynosząca żadnych efektów ofiara. Z jednej strony głębokie przekonanie, że trzeba walczyć o Polskę i polskość, a z drugiej – Gombrowiczowskie słowa, że receptą na stanie się prawdziwym człowiekiem jest wyleczenie się z „polskości". Od stuleci jest w nas mieszanina świetnego samopoczucia i strasznych wprost kompleksów. Jako naród, nie będziemy się kłaść na kozetce u psychoanalityka, ale warto, byśmy sami sobie się przyjrzeli.

Poczucie wartości Polaków potwornie nadwątliły zabory. Bo jakże to, naród dumnych sarmatów, którego kraj podzielono jak tort? Naród bojowników, który w najmniejszym stopniu nie był w stanie się temu przeciwstawić? Ciężko żyć z tą myślą. Ciężko sobie z takimi psychicznymi bliznami poradzić. Trudno po takich doświadczeniach nie stać się wrażliwym na punkcie własnej wartości. Ale jakoś sobie z tym próbowano radzić. I radzono sobie. Czołowi twórcy czuli imperatyw utrzymania i wzmocnienia tożsamości narodu. Postanowili więc przekuć wybitnie upokarzające doznanie w doświadczenie metafizyczne i w gruncie rzeczy szalenie pozytywne. I tak doprowadzili do narodzin Polski-Chrystusa narodów. Powstał mit wyjątkowości polskiej historii i wyższości moralnej Polaków nad innymi narodami. Tak wykrystalizowała się idea szczególnego posłannictwa bożego, które miałoby się wypełnić dla zbawienia świata. Wtedy to Wincenty Pol pisał, że ludy ginące z głodu i w niewoli wyzwolą się przez sakrament krwi polskiej – „i będą nasze więzienia ciemne miejscem odpustu ludzkości".

Teoria ta była użyteczna. Jeśli przegrywamy i dostajemy w kość, to nie ma w tym żadnej naszej winy. Bo o jakiej winie może być mowa, skoro w naszych porażkach, w ukrzyżowaniu Polski mieści się wzniosły boski plan? W teorii tej jest wszystko: miłość do ojczyzny, bezradność, ale jest też w wielkich ilościach narcyzm. I tak zostało na długo. Był jeszcze jeden problem. Świat, który dzięki naszej ofierze miał być odkupiony, miał tę ofiarę w głębokim poważaniu. Reakcją na uznanie Polski za Chrystusa narodów była najczęściej obojętność, lekceważenie albo wzgarda. Mieliśmy więc z jednej strony kompleksy, z drugiej – narcyzm. Z jednej strony ideę poświęcenia za ludzkość, z drugiej – ludzkość ignorującą nasz los. Pokolenia naszych przodków miały też, niestety, uzasadnione przekonanie o zacofaniu Polski. To też musiało uderzać w naszą dumę. Bo nie dość, że jesteśmy zacofani, to jeszcze świat to widzi. Była więc nasza wyższość wobec obywateli świata, bo my za nich cierpimy, a oni są pogrążeni w banalnej codzienności, i kompleks – bo co z tego, że za nich cierpimy, skoro nikomu na tym cierpieniu nie zależy. Tak musiały się rodzić psychozy. Próbowano z nimi oczywiście walczyć. I walczono. Sto dwadzieścia lat temu pisał Aleksander Świętochowski: „Bo i na cóż się zdały wszystkie nasze chęci zabezpieczenia Europy, kiedy ta Europa nas nie potrzebuje. (...) Porzućmy więc zwodną myśl, że jesteśmy koniecznym warunkiem równowagi europejskiej, niezbędną groblą, powstrzymującą fale azjatyckiego barbarzyństwa, przedmurzem świata. (...) Nie z tego wywodzić należy rację i prawo istnienia Polaków, że bez nich Europa spokojnie zasnąć nie może, że oni najwierniej pilnują jej stodół i spichrzów, ale z tego, że są, są sami dla siebie, że tworzą odrębny, dość liczny naród, że posiadają własną, dość wysoką cywilizację, która zasila ogólny postęp ludzkości i wzbogaca go ważnymi, oryginalnymi pierwiastkami. Czyje domaganie się życia płynie z tych źródeł, tego rozumie i ostatecznie uszanować może świat cały". Mądre słowa, ale musiały trafiać w próżnię, gdy Polski nie było.

W II RP doszło do wielkiej apoteozy polskiej przeszłości, do umocnienia dumy z Polski i z polskości. Tym razem było to jednak oparte nie na poczuciu wyjątkowości narodu, który poniósł kolejną klęskę. Przeciwnie. Można było się odwoływać do czasu walk i cierpień, bo owe cierpienia i walka przyniosły wspaniały owoc. Było wielkie zwycięstwo 1918 roku. A przecież nie tylko ono. W 1920 roku było odepchnięcie od Polski bolszewickiego zagrożenia. Był cud nad Wisłą, jakby odwrócenie historycznej prawidłowości, bo zamiast ponieść kolejną klęskę i utracić dopiero co zdobytą niepodległość, naród pokazał, że nie tylko potrafi walczyć o prawo do bytu w swoim państwie, ale też, że to prawo wywalczyć potrafi sobie sam. Dwa lata i dwa wielkie sukcesy. Wreszcie poczucie narodowej dumy można było czerpać ze zwycięstw, co i dawnym porażkom nadawało inny sens. Hasło *„gloria victis"*, chwała zwyciężonym, nabierało nowego znaczenia. Nie było hołdem oddanym kolejnym przegranym, ale tym, którzy nieśli pochodnię i, padając, przekazywali ją następnym.

Na fundamencie tej dumy budowano nową Polskę i wychowywano nowe pokolenie Polaków. I wychowano. Ideowe, patriotyczne, wierne, wspaniałe, gotowe do ofiar. To nie było pokolenie oddające się tęsknocie za kolejną klęską, taką jak powstanie styczniowe. Raczej pokolenie dumne z własnego państwa, świadome tego, że w imię tego państwa potrzebne są czasem ofiary, a jeśli tak, to trzeba taką ofiarę złożyć.

A DZISIAJ?

Pierwsze od ponad stu lat pokolenie młodzieży wychowane w wolnej Polsce musiało za nią ginąć. „Strzelaliśmy do wroga z brylantów". Brylanty zginęły, a Polska wolności i tak nie odzyskała. Zaczął się czas kolejnej smuty. Ale dziś mamy przecież III Rzeczpospolitą. Nie miała ona swego 1918 roku, nie miała swej wielkiej legendy, jej Piłsudski już w czasach wolności w dużej mierze rozczarował, ale jest przecież wolna i nasza. To skąd ta smuta? Gdzie jest radość pierwszego pokolenia, które nie tylko żyje w wolnej Polsce, ale nie będzie musiało za nią umierać? Wystarczy dla niej i dla siebie pracować. Fakt, o tę pracę trudno, ale czy to znaczy, że mamy się poddać?

Wiem, że narażam się na ciosy: udało mu się, dobrze zarabia, ma pracę, domek z ogródkiem, co on wie o prawdziwym życiu. Trochę jednak wie. Jest w Polsce tysiąc powodów do złości i narzekań. Ale będę się upierał, że, biorąc pod uwagę, co już nam się udało, skala frustracji jest niezrozumiała. A powodów do dumy jest wiele. Nie ma takich – wskaźników niepowodzeń – które by mnie satysfakcji z tego, co się udało, pozbawiły. Naród, który przez kilkadziesiąt lat gnębiono, nie dał się zsowietyzować. Nie zapomniał o swych pragnieniach o wolności i tę wolność odzyskał. Gdy ją odzyskał, kilka razy miał zawroty głowy i przeżywał fascynację osobami, które na to nie zasługiwały. Ale nie oddał władzy szaleńcom. Naród, który miał być ksenofobiczny i nietolerancyjny i któremu tę nietolerancję i ksenofobię jeszcze całkiem niedawno wmawiano, nie poddał się ani ksenofobii, ani nacjonalizmowi, ani antysemityzmowi. Naród, który miał mieć kłopoty z wyzwoleniem się z budzących niechęć do niektórych sąsiadów doświadczeń przeszłości, ma co najmniej dobre stosunki ze wszystkimi sąsiadami. Naród, który był tak długo lekceważony i odpychany, jest w NATO, a za chwilę będzie w Unii Europejskiej. Tego wszystkiego nie zrobiły krasnoludki. Zrobiliśmy to my. Świetnie powiedział to na Wawelu prezydent Bush. A więc ktoś wreszcie przyznał coś, co wydaje się tak oczywiste. Jesteśmy narodem, który ma wielkie powody do dumy.

POTRZEBUJEMY OPTYMIZMU

Potrzebujemy optymizmu albo – żeby nie brzmiało to zbyt hasłowo – realistycznej nadziei. Cóż za banał. Przecież jak są powody do optymizmu i jest źródło nadziei, to jesteśmy optymistami i mamy nadzieję. Nie do końca. Skoro potrafiliśmy zrobić tak wiele, to, mimo wielkich trudności przed nami – powody do optymizmu są, nawet jeśli wokół jest całkiem wiele powodów do pesymizmu. Ale idzie o coś więcej. Optymizm to nie reakcja na to, czy nam idzie, czy akurat nie idzie. To pewien stan świadomości i stan emocji, to nastawienie do życia i naszych własnych możliwości. Taki optymizm trzeba w sobie budować. To jest wielka praca dla naszych przywódców, dla nauczycieli w szkołach, dla dziennikarzy i dla rodziców. Optymizm nie jest jakimś słowem-kluczem. Jest absolutnie niezbędnym warunkiem, by iść naprzód, by radzić sobie z kłopotami, by podejmować kolejne wyzwania. Dziś w Polsce potrzeba nam wielkiej nadziei. Nie prostej nadziei, przeciwnie – nadziei trudnej, ale właśnie wielkiej. Z doświadczeń, klęsk i sukcesów przeszłych pokoleń, z naszych niedawnych ogromnych sukcesów możemy i powinniśmy czerpać siłę. To są nasze baterie, z których musimy na co dzień korzystać. Bo na razie zachowujemy się jak drużyna siatkarska, która wygrała dwa sety, ale w trzecim wyraźnie przegrywa i – zamiast wziąć się w garść, pamiętając o wygranych setach i posiadanej przewadze – ma strach w oczach, czy zwycięstwo nie wymyka się jej z rąk.

Często można odnieść wrażenie, że jesteśmy jak polska reprezentacja piłkarska, która wychodzi na boisko z poczuciem absolutnej niewiary w wygraną. W pamięci husaria, a w oczach strach. Wielcy fighterzy, którzy mają miękkie nogi, gdy przychodzi grać o naprawdę wysoką stawkę. Nasi piłkarze mają klęskę wymalowaną na twarzy. Nie jak Irlandczycy, którzy piłkarsko są blisko Polski, ale siłą woli, sercem do gry przewyższają naszych o kilka głów. I tak jak nasi na mistrzostwach świata przegrali wszystko z kretesem, animusz odzyskując dopiero w meczu o pietruszkę, tak Irlandczycy gryźli trawę, strzelając kilka bramek w ostatnich minutach, a nawet sekundach. Nie dziwota, że tak dobrze im idzie w Unii Europejskiej. Są ambitni, walczą, nie odpuszczają, nie rezygnują. Z nami jest inaczej. Gdy patrzę przed meczem reprezentacji na naszych piłkarzy, to trzymam kciuki już nie za zwycięstwo, ale za to, by naprawdę mężnie walczyli, by się nie poddawali. Mamy podobno wybitnie uzdolnione pokolenie siatkarzy. Chyba tak jest, skoro w meczach towarzyskich potrafią oni wygrać z każdym. Ale gdy przychodzi do walki o wielką stawkę, „wymiękają". Nawet jak idą z rywalem łeb w łeb, to można się w ciemno zakładać, że w końcówce nie wytrzymają psychicznie. A potem można usłyszeć, że przegrali, ale z honorem. Dość już tych porażek z honorem. Czas wygrywać. Co to znaczy porażka z honorem? Że nie opuściło się rąk jeszcze przed walką? Że w ogóle się wyszło na boisko? Toż to program dla tchórzy, dla Gołotów. „Może teraz nasi siatkarze przegrywają, ale za Wagnera potrafili wygrywać", powie ktoś. Właśnie. Jak to było, że wygrywali, choć zwycięstwo było na włosku, że wygrywali trzy sety, choć przegrywali dwa pierwsze. Działo się tak, bo Hubert Wagner zbudował w nich mentalność zwycięzców. Nie wychodzili więc na boisko, by polec z honorem, ale po to, by wygrać. Nie szukali przed meczem alibi dla ewentualnej porażki, ale szukali sposobu na dobranie się do przeciwnika. Nie kalkulowali, czy srebro nie będzie przypadkiem całkiem sporym sukcesem. Jechali po złoto, bo Wagner powiedział: „Interesuje mnie tylko złoto". To, że ktoś jedzie po złoto, nie daje żadnej gwarancji, że złoto zdobędzie, ale jeśli nie jedzie po złoto, nie zdobędzie go na pewno. Wagner to rozumiał, zrobił z chłopców mężczyzn, a z mężczyzn – twardzieli, i dzięki wielkiej pracy oraz odrobinie szczęścia zdobył z nimi złoto i stworzył legendę. Gdyby zdobył srebro, nikt by dzisiaj o nim i o nich nie pamiętał. Okrutne? Takie są reguły gry i trzeba się do nich dostosować. Jest wielka różnica między wychodzeniem na boisko, by grać, a wychodzeniem na boisko, by wygrać. To jak z optymizmem, będącym stanem świadomości, stanem umysłu i emocji. Odwrotnością takiego stanu jest fatalizm. Wszystko jest nie tak, wszystko jest do d..., i tak przegramy. Gdy mamy takie nastawienie, porażka jest gwarantowana i najlepiej w ogóle nie rozpoczynać gry.

Łatwości usprawiedliwienia własnych porażek towarzyszy u nas pewna wstydliwość odczuwana przy odnoszeniu sukcesów. Właściwie zrozumiała. Każdy, kto w Polsce odnosi sukces, musi się przecież zawsze zmierzyć z masą zarzutów, że pewnie brał doping, ukradł, skorzystał z protekcji albo podparł się znajomościami. Pewnie w wielu przypadkach tak jest, ale gdyby wierzyć oszczerstwom, jest tak zawsze. Nawet więc zwycięzcy często odczuwają wstyd ze zwycięstw, który sąsiaduje z przekonaniem otoczenia, że zwycięzcy najpewniej woda sodowa uderzyła do głowy, że stracił kontakt z rzeczywistością i z prawdziwą Polską. Jakby prawdziwa Polska była tam, gdzie jest utrapienie, przeciętność, porażka i smutek. Unosi się nad nami wszystkimi duch antyrywalizacji, antysukcesu, destrukcji. Zresztą słowa „rywalizacja", „wyścig", „ostra konkurencja" są u nas też podejrzane. Bo jak taki się ściga i chce sukcesu, to pewnie jest bezwzględny, pewnie kopie innych po kostkach, pewnie do celu idzie po trupach. Czyli tak naprawdę nie jest on żadnym zwycięzcą, bo nie jest zwycięzcą moralnym, a tym może być tylko ktoś, kto przegrywa, z honorem oczywiście. Powiedzmy sobie prawdę. My nienawidzimy zwycięzców i sukcesów innych. Przyprawiają nas one o mdłości. To jest choroba. Zauważają ją niemal wszyscy, którzy patrzą na nas trochę dłużej. Bo my tego nawet nie ukrywamy. Albo ukryć nie potrafimy.

Jak za PRL-u, tak i dziś, może w mniejszym stopniu niż wtedy, ale wciąż nie ma wśród wyznawanych przez Polaków wartości – sukcesu. Lepiej być elementem tła, częścią szarości. I musimy coś z tym zrobić. Sukcesów nie powinno się absolutyzować i za wszelką cenę gloryfikować. Ale trzeba je jakoś w świecie naszych wartości nobilitować. Gdy to się stanie, podświadomie trudniej nam będzie zgodzić się na nasze porażki. Test dla kibiców piłkarskich: Czy pamięta Pani/Pan mecz piłkarski, w którym nasza reprezentacja by przegrywała, a mimo to wygrała? Może taki był. Na pewno był. Ale choć jestem całkiem solidnym kibicem, za nic nie mogę sobie tego przypomnieć. Bo zwykle jest tak, że jak nam idzie, to idzie, a jak nie idzie, to nie idzie. Strzelimy gola i husaria w natarciu. Stracimy bramkę i skrzydełka opadają. I dalej, zamiast gry o wszystko, zostaje – jak mówią Amerykanie – *going through motions,* wykonywanie ruchów, jakby się chciało wygrać, ale bez jakiejkolwiek szansy na zwycięstwo, bo bez wiary, że można je odnieść. A w życiu, w gospodarce, w polityce jest trochę jak w piłce nożnej. „Jak drużynie idzie, to każda potrafi wygrać", mawiał Kazimierz Górski. „Dobrą drużynę poznaje się po tym, że wygrywa także wtedy, gdy jej nie idzie". Do przerwy 0:1. To szukamy klucza do zwycięstwa, a nie alibi dla porażki.

W wielu dziedzinach jesteśmy w Polsce o wiele lepsi, niż nam się wydaje, a możemy być dużo lepsi, niż sądzimy. I będziemy. Tylko wszyscy razem musimy wykonać pewną pracę. Trzeba nam rodziców, którzy powiedzą swym dzieciom, że są nadzwyczajne, niezwykłe. Mogą to mówić spokojnie. W każdym przypadku to prawda. Nie mają mówić dzieciom, że są lepsze niż inne dzieci, ale właśnie, że są nadzwyczajne, wyjątkowe. Mają im tym samym dać wewnętrzną siłę, która pozwoli im się w przyszłości zmierzyć z trudnościami i porażkami. Byłoby dobrze, gdybyśmy wzmocnili ideę dążenia do mistrzostwa, do bycia najlepszym w tym, co się robi. A przynajmniej ciągle lepszym, niż było się wczoraj i przedczoraj. Nieustanne dążenie do równości, do osiągania równowagi, ale na niskim poziomie, doprowadzi nas donikąd. Nie może być tak, że odnoszący w Polsce sukcesy czują się, jakby byli pod ostrzałem. Nie można (to uwaga adresowana głównie do polityków) grać na ludzkiej zawiści. Taka gra zawsze źle się kończy. W tych, którym się udało, tworzy poczucie winy. U tych, którym się nie udaje, stwarza często zupełnie mylne przekonanie, że za te niepowodzenia odpowiadają jacyś inni.

Czy z założenia nie lubimy w Polsce zwycięzców? Nie, to byłaby przesada. Bardzo ich lubimy, a często nawet kochamy. Pod jednym wszakże warunkiem. Że są daleko. Łatwo cieszyć się z sukcesów podziwianego i kochanego Papieża. Łatwo życzyć dobrze Małyszowi i stanąć do wyścigu, „kto najbardziej kocha Małysza". Trudniej polubić, a przynajmniej zaakceptować zwycięstwo, które ma miejsce tuż obok, gdy zwycięzcę ogląda się nie w telewizji, ale patrzy mu się w oczy. By było to łatwiejsze, potrzebny jest codzienny trening. Nie wbijanie dzieciom do głowy, że liczy się tylko wygrana, że zwycięzca bierze wszystko, ale metodyczne podkreślanie, że zwycięstwo wymaga wielkiej determinacji i wielkiej pracy.

Że wielką wartością jest i wygrana, i pragnienie wygranej, i podjęcie wysiłku, by wygrać, bo nawet jak się nie wygra, to osiągnie się coś, czego bez owej determinacji osiągnąć by się nie udało. Reakcja na sukces Adama Małysza pokazuje, jak wielki jest u nas głód sukcesu. Ale nie może go ciągle zaspakajać dwóch ludzi. Dobre samopoczucie prawie czterdziestomilionowego narodu nie może się opierać na słabym zdrowiu Papieża i dwóch nogach jednego skoczka narciarskiego. Potrzeba tych sukcesów więcej. Sukcesów indywidualnych i wielkiego sukcesu nas wszystkich. Szkoda, że komuniści zmarnowali niektóre dobre hasła, bo naprawdę chciałoby się powiedzieć: „Polak potrafi".

TYLKO NARZEKAĆ?

Pewnie, że potrafi wygrywać, choć w istocie – by wygrywać, trochę zbyt wiele czasu poświęca na narzekanie. Jesteśmy w Polsce, owszem, w złym nastroju. Ale czasem można odnieść wrażenie, jakby w naszym przypadku zły nastrój nie był funkcją wydarzeń dnia, ale funkcją samego faktu istnienia. Ostatnio, jadąc we Włoszech tramwajem, zobaczyłem ciekawą scenę. Wypełniony po brzegi, w większości starszymi ludźmi, tramwaj nagle zahamował. Ludzie zaczęli na siebie wpadać i deptać sobie po nogach. I tu zdarzyło się coś niezwykłego. Nikt nikomu nie skoczył do oczu, nikt nikogo nie przeklął, nikt nie rzucił nienawistnego spojrzenia. Zamiast tego starsi panowie i starsze panie zaczęli się śmiać i żartować, jakby to było, gdyby tak na siebie powpadali czterdzieści lat temu. Wszystko zdarzyło się z samego rana i coś, co w Polsce wielu ludziom zmarnowałoby poranek, albo i cały dzień, tam było źródłem pozytywnej energii. Powie ktoś – jakby ci włoscy emeryci mieli nasze emerytury i na siebie powpadali, to szczekaliby na

217

siebie tak jak my na siebie. Nie sądzę. Może uśmiechów byłoby mniej, ale tylko trochę mniej. Bo uśmiech i optymizm to kwestia pewnego stanu umysłu. W Ameryce, gdzie mieszkaliśmy w potężnym apartamentowcu, zawsze, wchodząc do windy z córką, słyszeliśmy zachwyty nad naszym wspaniałym dzieckiem. Nic nadzwyczajnego. Taką samą porcję zachwytów na temat swoich dzieci i wnuków słyszeli wszyscy mieszkający w apartamentowcu i przemieszczający się w nim z dziećmi i wnukami rodzice i dziadkowie. To się nazywa przekazywanie pozytywnych emocji. „Dzień dobry" w windzie? Standard. „Dzień dobry" do kogoś, kogo mija się na chodniku w czasie porannego biegania? Standard. Banał, to zdawkowe, nic nie znaczące, pozbawione głębi gesty? Niewiele znaczące, zgoda. Ale wcale nie pozbawione głębi. Jeśli nawykiem jest okazywanie sympatii bliźnim, oni odpowiadają tym samym. Wszyscy wzajemnie, jak w systemie naczyń połączonych, przekazują sobie dobrą energię. U nas na górskich szlakach „dzień dobry" mówione mijanemu piechurowi jest niemal normą. I nie powie mi nikt, kto na tych szlakach mówi i słyszy „dzień dobry", że mu od tego dzieńdobrowania nie jest milej. Gdy patrzymy na siebie wilkiem, przekazujemy sobie złą energię. To psuje nam nastrój. A zły nastrój jest toksyczny. Naukowcy uważają, że pogarsza on stan zdrowia. Nastrój totalnie i permanentnie zły pogarsza stan zdrowia bardzo. „Dzień dobry na dzień dobry" jako program na dzień dobry nie jest chyba nie do zrealizowania. Bardzo by nam to pomogło.

Okazywanie ludziom życzliwości poprawi nasze własne samopoczucie i sprawi, że będzie w nas więcej optymizmu. Mniej przy okazji będziemy narzekać. A tu naprawdę jesteśmy nieźli. Profesor Bogdan Wojciszek, psycholog, twierdzi, że narzekamy zdecydowanie częściej niż inne narody. Więcej – że narzekanie jest normalnym sposobem komunikowania się Polaków. Nasza kultura jest, według niego, kulturą narzekania. W kulturze narzekania nie wypada się przyznać, że wszystko, albo chociaż trochę, się udało. To jest niezgodne z normą. Mówimy więc, że jest źle, gorzej, fatalnie i w ogóle wszystko schodzi na psy. Mówimy tak niemal zawsze, bardzo często więc, co pokazują statystyki, zafałszowujemy rzeczywistość, przedstawiając ją w dużo ciemniejszych barwach, niż jest w istocie. A ponieważ narzekają wszyscy, a optymizm jest niezgodny z normą, niewielu znajduje w sobie odwagę, by powiedzieć głośno, że wszystko jest jak trzeba. Taki, co odnosi sukcesy, jest przecież podejrzany. Profesor Wojciszek uważa, że to nasze nieustające narzekanie jest dzieckiem kultury chłopskiej. Chłop zawsze narzekał na złą dolę. W chłopskiej historii w istocie była cała masa cierpień. Problem w tym, że niedola często zamieniała się w dolę, ale jak narzekano, tak się dalej narzekało.

Nikt nie twierdzi, że nie ma w Polsce cierpienia, nieszczęść, niezasłużonych klęsk i niesprawiedliwych porażek. Jest ich wiele. Nikt nie mówi, że wszystkim jest świetnie. Nie jest, choć generalnie jest nam lepiej, niż było kiedyś. Jest u nas cierpienie, nieszczęście, zło i desperacja. Uważam tylko, że byłoby tego o wiele więcej, gdybyśmy się fatalnemu nastrojowi poddali.

Musimy zbudować w Polsce kulturę optymizmu. Musimy wzmocnić albo stworzyć nawyk pozytywnej reakcji na świat. Nie idzie o mechaniczne, importowane z Ameryki *fine*, *great*, dobrze, świetnie, na każde pytanie o to, jak leci. Idzie raczej o eliminację odpowiedzi „szkoda gadać" niezależnie od tego, czy jest powód do radości, czy do narzekań. Że z tym naszym marudzeniem jest coś nie tak, sami doskonale wiemy. Nie jest przecież przypadkiem, że gdy spotykamy obcokrajowców, uśmiech najczęściej nie znika nam z ust: jesteśmy mili, życzliwi i pomocni. Czyli wiemy, że naburmuszenie nie jest standardem wartym pielęgnacji. Jeśli traktujemy obcych lepiej niż siebie, to jest to najlepszy dowód naszych kompleksów. Robimy tak, bo wiemy, że coś jest z nami nie tak, i chcemy to ukryć. A ludzie przyjeżdżający z zagranicy mówią potem: „Dziwne, na ulicach pełno szarych, smutnych ludzi ze spuszczonymi głowami, a jak nie ze spuszczonymi, to ze smutnym wzrokiem. A gdy się z nimi złapie kontakt, okazują się całkiem sympatyczni i ciepli". Czyli potrafimy. Ale dla innych. Kolejny postulat: zróbmy dla siebie to, co jesteśmy w stanie zrobić dla innych.

POTRZEBA WYSOKIEJ SAMOOCENY

Wybitny amerykański specjalista zajmujący się wpływem samooceny na życie człowieka Nathaniel Branden w jednej ze swoich książek opisuje pewne wydarzenie na konferencji poświęconej samoocenie, która w 1990 roku odbyła się w Norwegii. W zdumienie wprawił swych kolegów radziecki naukowiec, gdy wstał i powiedział: „Wy, Amerykanie, nie jesteście sobie w stanie uświadomić, w jakim stopniu idea poczucia własnej wartości jest nieobecna w naszym kraju. Jest ona po prostu niezrozumiała. Gdyby zaś została zrozumiana, zostałaby potępiona jako wywrotowa". Aż tak źle w PRL-u nie było, ale było niewiele lepiej. Dokładnie. Niska samoocena obywateli to prezent dla władzy. Ludzie dają sobą manipulować, więcej, często oczekują, że ktoś weźmie ich za rękę i wskaże im drogę. A obywatele z wysoką samooceną to niebezpieczeństwo. Wiedzą, czego chcą, stawiają sprawy jasno, stawiają sobie określone cele i do nich dążą. Tacy obywatele są władzy nie na rękę. W ustrojach totalitarnych, a – patrząc na współczesną Polskę – można odnieść wrażenie, że także w niektórych demokracjach. Zdrowe społeczeństwo jest więc społeczeństwem ludzi o dobrej, wysokiej samoocenie. Widzieliśmy na własne oczy ten cud sierpnia 1980 roku, albo słyszeliśmy o nim na własne uszy. Życzliwi sobie ludzie, świadomi należnych im praw, spokojni, godni. Trwało to kilkanaście dni, ale do dziś jest wspominane jako coś absolutnie wyjątkowego. Taką atmosferę mogli stworzyć tylko ludzie mający wysoką samoocenę.

Skąd się ona bierze? Jej podstawą jest, według Nathaniela Brandela przekonanie, że wszyscy zasługujemy na szczęście. To przekonanie motywuje, daje ambicję i siłę do pokonywania trudności, sprzyja racjonalizmowi, twórczości, niezależności, elastyczności, gotowości do współpracy i życzliwej reakcji na sukcesy innych. Niska samoocena z kolei sprzyja irracjonalizmowi, sztywności, lękom przed nowym i nieznanym, nadmiernej uległości lub nadmiernej wrogości wobec innych. Ludzie z niską samooceną bardzo często padają jej ofiarą, bo budzi ona w nich wrogi stosunek także do tego, co dobre.

Czasem mam wrażenie, jakby właśnie niska samoocena, często zresztą zupełnie nieuzasadniona, była źródłem naszej wrogości wobec ludzi czy instytucji. Wielu ludzi było i jest przeciw wejściu Polski do Unii Europejskiej wcale nie dlatego, że z kalkulacji wynikało im, iż to się nam nie opłaci. Raczej byli oni przekonani, że ta cała Unia to pierwsza liga, w której nie mamy czego szukać. Może więc lepiej dalej walczyć na boiskach w naszym Kopydłkowie i Pcimiu. Ludzie, których nie nauczono wiary w siebie, a często im ją odbierano, nie potrafią, mając problemy, powiedzieć: „a właśnie, że nam się uda". Tu owo „Polak potrafi" odegrało rolę negatywną, bo odbierane było jako hasło czysto propagandowe, przez co się dewaluowało. Niesłusznie. Ale ponieważ miliony Polaków nabrały przekonania, że to, co naprawdę wartościowe, jest przeznaczone dla innych, nawet na wielkie

221

szanse reagują alergicznie. Ludzie zachowują się, jakby postępowali według zasady Groucho Marxa: „Nigdy nie wstąpiłbym do klubu, który przyjąłby mnie na członka" – skoro chcą nas w tym NATO, to znaczy, że to NATO nie jest aż tyle warte, skoro chcą nas w Unii Europejskiej, to pewnie po to, by nas wykiwać. Zaklęty krąg. Jak się nie udaje, to jest tak jak zwykle, bo z nami już tak jest. Jak nam się udaje, to pewnie sukces nie jest niczego wart, bo jak gramy o dużą stawkę, zawsze przegrywamy. I tak źle, i tak niedobrze. Ten zaklęty krąg trzeba przerwać. Dlaczego nie miałoby to się nam udać? Przez wiele lat japońskie produkty były kojarzone z niską jakością. Były niemal synonimem tandety. W latach pięćdziesiątych i sześćdziesiątych Japonia wyprzedzająca Stany Zjednoczone w produkcji samochodów, nadprzewodników i urządzeń elektronicznych byłaby pomysłem *science fiction*. A jednak już w latach siedemdziesiątych to się udało. Skoro Japończyk potrafi, to może i Polak? Tym bardziej że już prawie ćwierć wieku czeka na spełnienie się przepowiedni o „drugiej Japonii".

Trzeba nam wysokiej samooceny, bo jest ona układem odpornościowym świadomości. Potrzebuje jej każdy z nas, ale potrzebujemy jej też wszyscy razem. Jest ona na przykład absolutnie niezbędna, by prawidłowo funkcjonował rynek. Funkcjonuje on dobrze tylko wtedy, gdy dziesiątki milionów ludzi podejmują każdego dnia racjonalne decyzje.

Siostrą wysokiej samooceny jest duma, nie pycha, ale duma właśnie. Duma jest, według psychologów, emocjonalną nagrodą za osiągnięcia. Nie jest niczym złym. Nie jest wadą, którą należy zwalczać, ale czymś, co należy pielęgnować. Całkiem niedawno przetoczyła się przez Niemcy debata na temat tego, czy Niemcy powinni być dumni z faktu, że są Niemcami. Bardziej niż odpowiedź na to pytanie zaintrygowało mnie, dlaczego podobnej debaty nie ma w Polsce. Może dlatego, że oczywistością jest, iż wszyscy jesteśmy dumni, że jesteśmy Polakami? Nie sądzę. U nas nie było i nie ma takiej debaty, bo chyba wręcz nie wypadałoby powiedzieć: „jestem dumny, że jestem Polakiem". Trudno się dziwić. Bo wprawdzie mamy wiele powodów do dumy, ale jakże mamy ją odczuwać, skoro nasze prawo do wielkiej dumy podkreślać musi prezydent Bush. Chodzi o to, że jesteśmy Polakami, narodem z trudną, pełną upadków, porażek i klęsk historią, ale narodem, który z każdej klęski potrafił się podnieść, każdemu wrogowi potrafił się oprzeć, każdemu wrogowi stawiał czoło. Narodem, który przetrwał, choć znalazł się w obcęgach historii, między wrogami, którzy innych wymazaliby z mapy na zawsze. O taką idzie dumę, a nie to, że Adam wygrał z tym szkopem Hannawaldem i pokazał Niemcom, że Polacy są lepsi. Idzie o wielką satysfakcję, a nie o małe radości. O dumę, która nie zabrania pomalować sobie twarzy na biało-czerwono, gdy grają nasi, ale każe wywiesić koło okna biało-czerwoną flagę, gdy przychodzi rocznica, której kiedyś świętować zabraniano.

Taka duma wymaga codziennych lekcji historii. Gdy pierwszy raz przyjechałem do Warszawy, a było to wydarzenie dla mnie ogromne ważne, tak ważne, że zapamiętałem datę: dwudziestego szóstego września 1976 roku, wsiadłem do autobusu 122. Jechał na Powązki. Brzozowe krzyże na grobach „Rudego", „Alka" i „Zośki", a na nich harcerskie chusty i tarcze z całej Polski. Jakież to było dla mnie odkrycie. Więc jest lepsza Polska, która przyjeżdża tutaj. Jakie były moje przeżycia, gdy rok później byłem w Warszawie pierwszego sierpnia, w rocznicę wybuchu powstania. Dziesiątki tysięcy ludzi, dziesiątki tysięcy świeczek i zniczy. Inteligenckie twarze, mądre spojrzenia, rodzice i dziadkowie tłumaczący dzieciom, że ten chłopak, lat osiemnaście, i ta dziewczyna, lat dziewiętnaście, ginęli za Polskę. Szkoda, że ta rocznica wypada w połowie wakacji, bo wizyta na Powązkach w takim dniu to najlepsza lekcja historii. A żeby mieć poczucie dumy z historii, z przeszłości, człowiek potrzebuje takich lekcji. Ale potrzebuje też czegoś innego, codziennego. Dumny może być tylko ktoś, kto ma wysoką samoocenę, a może ją mieć tylko wtedy, gdy szacunek dla siebie samego ma głęboko wpojony, kto – mówiąc po ludzku – był w dzieciństwie traktowany z szacunkiem. Są, owszem, dzieci nawet z najgorszych środowisk, które radzą sobie w szkole, odważnie idą w życie, tworzą trwałe związki i mają poczucie godności, mimo że traktowane były źle, że odnoszono się do nich z pogardą. Nazywane są one „ludźmi nie do zranienia". Ale to wyjątki. Regułą jest raczej to, że dzieci nasiąkają tym, co im damy, i dadzą innym to, co dostaną od nas. To jest wielkie zadanie dla nas, rodziców – dać dzieciom korzenie, by rosły, i skrzydła, by mogły się wzbić w powietrze.

W tej pracy rodzicom muszą pomóc nauczyciele (a nie odwrotnie). Szkoła, co podkreśla Nathaniel Branden, nie może być usankcjonowanym zniewoleniem uczniów przez nauczycieli, którym brakuje poczucia własnej wartości, wiedzy, albo jednego i drugiego. Nauczyciele muszą inspirować, a nie upokarzać, dawać poczucie godności, a nie drwić, nie mogą schlebiać jednym kosztem innych, ale powinni w każdym odnajdować wartości i wyjątkowość. Mają motywować, a nie demobilizować. Mają uczyć niezależności i niezależnego myślenia.

Jane Bluestein w książce *21st Century Discipline* (Dyscyplina na miarę XXI wieku) napisała, że są dowody, iż dzieci, które są zbyt posłuszne, mogą mieć trudności w dzisiejszym świecie, wymagającym inicjatywy i odpowiedzialności za siebie. Rynek pracy dla niewykształconej siły roboczej będzie się zmniejszał. Będą rosły szanse tych, którzy są elastyczni, którzy potrafią zaryzykować, wziąć ciężar odpowiedzialności i stresu na siebie. Do tego trzeba nasze dzieci przygotować, bo za chwilę znajdą się w świecie, w którym, chcąc nie chcąc, będą musiały konkurować z młodymi Niemcami, Anglikami, Hiszpanami, Włochami i Francuzami. Nasze dzieci muszą iść w świat z odpowiednią wiedzą, ale i z głębokim przekonaniem, że świat do nich należy, że został stworzony po to, by mogły go podbić, a przynajmniej znaleźć w nim swoje miejsce i wykorzystać szanse, jakie da im życie. Do tego trzeba odpowiedniego nastawienia rodziców i nauczycieli. Rodzice i nauczyciele o niskiej samoocenie częściej karcą, są bardziej niecierpliwi i autorytarni. Skupiają się na słabościach dzieci, a nie na ich atutach. Czasem bodźce negatywne są niezbędne, ale normą musi być marchewka, a nie kij. Idzie o to, by wychowywać ludzi odpowiedzialnych, a nie posłusznych. Jaka jest różnica między jednymi a drugimi? Taka jak między posłusznymi a odpowiedzialnymi uczniami. Uczeń posłuszny słucha rozkazów, ma poczucie bezradności i zależności od nauczyciela, jest zdyscyplinowany, ale niekoniecznie myśli, jest uległy, jest nastawiony na unikanie kary. Uczeń odpowiedzialny dokonuje wyborów, ma poczucie osobistej siły i niezależności, myśli, a więc może być posłuszny, a nie odrotnie, współpracuje z innymi, jest zaangażowany, odczuwa efekty pozytywnych wyborów.

Różnice są więc ogromne. A w przyszłości zamiast różnic będzie przepaść między otwartym, inteligentnym człowiekiem, który ma poczucie odpowiedzialności za siebie i za innych, potrafi zrobić coś dla siebie i dla innych, jest, krótko mówiąc, kandydatem na dobrego obywatela, a zastraszonym, pełnym obaw człowiekiem, niezdolnym do wykorzystania swojego potencjału, a nawet jego części, człowiekiem, który ma wielkie szanse być przedmiotem, a nie podmiotem, i stać się kandydatem na frustrata. Model edukacji jest tu kluczem. Nie osiągniemy sukcesu bez podniesienia poziomu nauczycieli i poziomu szkolnictwa, a ich z kolei nie podniesiemy bez pieniędzy. To będzie najbardziej opłacalna inwestycja, jaką można sobie wyobrazić. Gdy upadała I Rzeczpospolita, zdesperowany Stanisław August Poniatowski pisał: „Najbardziej ufam temu żniwu, które choć po mojej śmierci kto inszy zbierać będzie, z mego jednak siewu. Gdy przez poprawioną teraz dzieci edukację znajdzie pod ręką swoją kilkadziesiąt tysięcy obywateli oświeconych i od przesądów oddalonych, inaczej do wszystkiego życia usposobionych, niżelim ja ich znalazł". Dziś Polska nie upada, a stawką jest nie to, czy będzie, ale jaka będzie. I czyja. Ale odpowiedź na to pytanie mieści się nie tylko w kategoriach politycznych. Idzie o to, czy będzie to Polska świadomych swych praw i obowiązków, śmiałych ludzi o otwartych głowach, ludzi dumnych i zrelaksowanych, czy Polska cyników, szukających wrogów, niepewnych swojej wartości i w sztuczny sposób ją podkreślających, ludzi niepewnych tego, kim są, i nieświadomych tego, skąd są. To jest fragment wielkiej gry o Polskę.

CHEERLEADER?

Wiara, nadzieja, miłość, wola – duże słowa. Czy jest na miejscu posługiwanie się językiem wiary w odniesieniu do państwa? I do tego państwa świeckiego? Sądzę, że tak. Bo każde państwo i każde społeczeństwo potrzebuje wiary, tak jak w niektórych chwilach potrzebuje ofiary. Ludzie muszą także z państwem wiązać pewne oczekiwania. Właśnie w nim lokować swe nadzieje. Jeśli jako społeczeństwo nie bylibyśmy optymistami, jeśli nie wierzylibyśmy w coś, to jak mielibyśmy w cokolwiek zainwestować swe marzenia, jak moglibyśmy wymagać od innych i od siebie poświęceń? Przydałby się nam w Polsce ktoś, kto byłby nie tylko zwierzchnikiem sił zbrojnych, *commandor in chief*, jak mówią Amerykanie, ale także ktoś, kto by nas dopingował, kto by dodawał nam otuchy, kto by sprawił, że będziemy myśleli lepiej o sobie i że będzie nam lepiej ze sobą. Ktoś, kto by nam uświadomił, że nie ma przed nami granic, których nie moglibyśmy przekroczyć (i to wcale nie tylko dlatego, że za chwilę nie będą nam już wbijać do paszportów pieczątek) – *cheerleader in chief*.

SCENARIUSZE

Chcieliście Polski, no to ją macie!

Konstanty Ildefons Gałczyński

ZA CHWILĘ, ZA ROK, ZA DZIESIĘĆ LAT

Jak będzie? – pytają dziennikarze sportowi piłkarzy przed meczem. Sam sobie zadaję pytanie – jak będzie z Polską? W którym punkcie znajdziemy się za pięć, dziesięć, piętnaście, dwadzieścia lat? Wykorzystamy szanse? Pokonamy trudności? Ruszymy z kopyta czy ugrzęźniemy w średniactwie i marazmie? Jakie są scenariusze tego, co może się stać?

Mam wrażenie, że scenariusze są trzy. Pesymistyczny, optymistyczny i – nie, nie, niekoniecznie realistyczny. Raczej scenariusz ot, taki sobie, przeciętny, ani lepiej, ani gorzej. Nie sposób ocenić prawdopodobieństwa realizacji każdego z nich, ale dość łatwo każdy z nich nakreślić.

Scenariusz pierwszy: będzie gorzej, niż jest

Myli się, kto sądzi, że gorzej być nie może. Oczywiście, że może. Wystarczy założyć kontynuację tego, co jest, dodać do tego powiększający się deficyt, nierozwiązane problemy kilku branż, rosnący dług publiczny oraz wyż demograficzny i mamy niezłą papkę. Ciężko to ludziom powiedzieć, bo nie jest im łatwo, a sformułowanie znają z czasów PRL-u i pachnie ono nieładnie, ale – żyjemy ponad stan. Na kredyt. I wystarczy nic nie robić, nawet nic nie psuć, po prostu nie naprawiać gospodarki, państwa i społeczeństwa, by za chwilę było dużo gorzej, niż jest.

Załóżmy, że mamy ten sam bojący się radykalnych zmian rząd albo rząd inny, ale taki sam lub tylko trochę lepszy. Ze strachu przed skutkami społecznymi – czytaj: przed rewoltą – nadal odkładane są reformy gospodarcze. Reforma finansów czeka, bo bolesna. Prawdopodobny efekt to kryzys finansów państwa. Wielka dziura budżetowa. Możliwy wzrost inflacji. Stan niepokoju społecznego albo gorzej. Ale może dziurę finansową jakoś wypełnią pieniądze z Unii? Ale nie po to one są, by ratować budżet, są po to, by szybko zrealizować niezbędne dla Polski projekty, przede wszystkim w infrastrukturze, od nieszczęsnych autostrad zaczynając. W najbliższych dwóch, trzech latach rozstrzygnie się, czy Polska będzie w stanie skorzystać z unijnych pieniędzy, które są do zdobycia. Czy w ogóle będzie je umiała zdobyć. Czy sprawna będzie administracja, czy będzie ktoś, kto pomoże ludziom i firmom pisać wnioski o unijną pomoc. Jeśli to się uda, nasza gospodarka oraz wiele regionów, miast i wsi dostanie cenny zastrzyk gotówki na realizację projektów, na które wcześniej nie było pieniędzy. Ale jeśli nie – szansa na szybką modernizację kraju zostanie na jakiś czas, może na długo, zaprzepaszczona. Zamiast ruszyć naprzód, nadal będziemy dreptać w miejscu albo się cofać, bo okaże się, że do unijnego budżetu musimy w sumie dopłacać.

W tym czarnym scenariuszu mieściłoby się odłożenie na jakieś „później" cięć wydatków. I co wtedy? Po pierwsze, groziłoby to rozsadzeniem budżetu. Po drugie, oznaczałoby, że nie znajdą się pieniądze na to, na co znaleźć się muszą – przede wszystkim na edukację. Warto pamiętać, że oddłużanie górnictwa ma kosztować osiemnaście miliardów złotych. To trzydzieści sześć razy więcej niż suma, którą państwo przeznaczy w najbliższych latach na komputeryzację szkół. Górników nie można zostawić samych sobie, ale warto mieć świadomość, że na inwestycję w przyszłość kraju wydajemy ułamek tego, co wydajemy na spokój społeczny. Chyba proporcje są tu jednak zachwiane. Do kłopotów, które można wyczytać z portfela, można by dopisać inne, niestety wcale nie z gatunku *science fiction*. Wyobraźmy sobie tylko, że do trudności gospodarczych i problemów ze służbą zdrowia dochodzą kłopoty w „nadbudowie". Media, z nazwy publiczne, nie przestają być partyjno-rządowe. Już i tak wielkie różnice między tymi, którym się udaje, a tymi, którym idzie gorzej, jeszcze bardziej, drastycznie się powiększają. Elementarna społeczna solidarność zanika. Poczucie wspólnoty nawet się nie rodzi. Wszystko to byłoby efektem pogłębiającego się kryzysu przywództwa, który byłby też źródłem innych kłopotów i wielkim problemem samym w sobie. Jeśli wszystko to razem połączyć – groziłoby nam coś jeszcze: prawdopodobny pogłębiający się kryzys moralny. Krótko mówiąc, ludzie mieliby wtedy poczucie, że jest u nas coraz gorzej, że przegrywamy swą wielką szansę. Niektórzy, co bardziej zdeterminowani, emigrowaliby, inni emigrowaliby wewnętrznie, dystans między obywatelem a państwem powiększałby się, społeczeństwo obywatelskie pozostawałoby w powijakach. A co dalej? Ludzie mają zupełnie dość polityki, kryzys zaufania przeradza się we wstręt i do niej, i do polityków, już niska frekwencja wyborcza jeszcze spada. Nawet jeśli demagodzy i populiści nie przejmują władzy, ich wpływy rosną. Widziana w parlamencie twarz naszej demokracji jest jeszcze brzydsza niż do tej pory. Coraz gorsze ustawy. Coraz więcej bubli. Coraz więcej awanturnictwa. Kryzys demokracji pogłębia się w tym samym rytmie, w jakim pogłębiają się kryzys gospodarki i kryzys moralny. Tracimy wyjątkową szansę. Piszę to bez jakiegoś poczucia katastrofizmu czy histerii. Tak po prostu może być. Nie musi. Ale może.

Scenariusz drugi: będzie lepiej, ale tylko trochę lepiej

Jakby to „lepiej" miało wyglądać? Władzę w Polsce przejmuje ekipa sprawniejsza niż obecna. Afery, owszem, są, to w końcu Polska, ale nie ma ich bez liku. A jak są, to władza reaguje na nie ostro i z determinacją. Nie jest wprawdzie realizowany bardzo odważny program reform, ale podejmowane są działania, by było lepiej. Postępuje reforma górnictwa i hutnictwa (można by pójść dalej, ale jest lepiej, niż mogłoby być). Reformowane są finanse. Nie są one zupełnie uzdrowione, ale wiadomo przynajmniej, że nie będzie katastrofy. Cięcia wydatków – można by i trzeba by pójść dalej, ale lepsze to niż nic. Jest trochę więcej pieniędzy na edukację. Żadnego wielkiego programu edukacyjnego się nie realizuje, ale jest jakiś postęp. Wykorzystujemy większość unijnej pomocy. Nie całą, jaką moglibyśmy dostać, jednak znaczącą większość. Powoli, powoli, bez jakiegoś przyśpieszenia, ale budujemy społeczeństwo obywatelskie. Media publiczne nie są zupełnie publiczne, ale nie są tak polityczne, jak były. Udaje się zawrzeć jakiś kompromis, który sprawia, że respektowane są w nich podstawowe standardy rzetelności, obiektywizmu i bezstronności. Jakość przywództwa nie poprawia się w jakiś skokowy sposób, ale jest lepsza, niż była. Nie o wiele lepsza, ale jednak. Różnice między ludźmi mieszkającymi w bogatszych i biedniejszych regionach Polski powiększają się, ale nie dlatego, że biedniejsi są coraz biedniejsi. Raczej dlatego, że jest im coraz lepiej, ale bogatsi bogacą się jeszcze szybciej. Czyli różnice może i rosną, ale maleje liczba ludzi przekonanych, że zostali na marginesie, że jest im źle, będzie jeszcze gorzej i w gruncie rzeczy nikogo to nie obchodzi. W Polsce nie ma nastroju smuty. Wielu wyjeżdża z kraju na dobre, ale nie jest to wynikająca z desperacji jakaś masowa emigracja. Ludzie nie mają poczucia beznadziei. Jest, ot tak, raz lepiej, raz gorzej, średnio, bez nagłych zwrotów i nagłych upadków. Mogłoby być dużo lepiej, ale mogłoby też być dużo gorzej. Nie zmniejszamy dystansu dzielącego nas od najlepszych, ale nie powiększa się on. Naszym piłkarzom albo siatkarzom udaje się awansować do jakichś mistrzostw i grają w półfinale. Finał to już dla nich za daleko, ale półfinał wystarczy, by miliony Polaków miały lepszy humor. Wszystko jest na trójkę, no może z małym plusem. Czy tak można żyć? Pewnie. Czy nie można inaczej? Można by, gdyby udało się zrealizować scenariusz optymistyczny.

Scenariusz trzeci: będzie lepiej, zdecydowanie lepiej i to pod każdym względem

Jak by to mogło wyglądać? Władzę w Polsce obejmuje zdeterminowana ekipa reformatorów. Owszem, tu i ówdzie popełniają oni błędy, za to i za tamto spotyka ich słuszna krytyka, ale kłopoty nie osłabiają ich reformatorskiej determinacji. Realizowane są, czasem w atmosferze silnego społecznego sprzeciwu, odważne reformy. Reformatorzy wiedzą, że ceną reform może być utrata przez nich władzy, ale jej zdobycie potraktowali jako szansę na realizację swego celu, budowy silnej, prawdziwie demokratycznej Polski, która – tak jak wszyscy obywatele – dokonuje cywilizacyjnego awansu na historyczną skalę. Dochodzi do reformy górnictwa i reformy finansów. Wreszcie ktoś zdobył się na niezbędne cięcia wydatków. Są pieniądze na edukację. Rozpoczyna się realizacja wielkiego planu pod hasłem: „Cała Polska się uczy". Miliony ludzi uczą się angielskiego i uzyskują dostęp do internetu. W szkołach jest on powszechny. Podwyższa się poziom słabszych szkół, w mniejszych ośrodkach. Rząd razem z organizacjami pozarządowymi, w tym z wieloma fundacjami, tworzy wielki system stypendialny, dzięki któremu są pieniądze na naukę każdego zdolnego dziecka. Sprawnie korzystamy z unijnej pomocy. Nie jest idealnie, ale jest bardzo dobrze. Wykorzystujemy grubo ponad dziewięćdziesiąt procent unijnej pomocy. Państwo aktywnie wspiera organizacje pozarządowe, a więc społeczeństwo obywatelskie. Powstaje cała masa nowych obywatelskich inicjatyw. Jednocześnie państwo przestaje być zazdrosne o swoją strefę wpływów. Szybko znikają bariery dla inicjatyw gospodarczych. Mamy wzrost gospodarczy, i to oparty na realnych podstawach. Nawet w czasach dekoniunktury poniżej pewnego poziomu nie zejdziemy. W akcie samoograniczenia rządzący rezygnują z faktycznego nadzoru nad telewizją publiczną. Wraca do niej wolność słowa. Władze telewizji publicznej poważnie biorą jej misję. Programy informacyjne są rzetelne, publicystyczne – mądre, filmy dokumentalne i programy poświęcane kulturze są nadawane w najlepszym czasie antenowym. Ludzie płacą obowiązkowy abonament, czasem złorzeczą, ale muszą przyznać, że teraz wiedzą, po co go płacą. Rozwojowi gospodarki towarzyszy stabilność w życiu społecznym. Polskie władze kontynuują mądrą politykę. Chcą być wiarygodnym i ważnym partnerem w Unii Europejskiej, pamiętając, że Unia nie może być na kontrze do Ameryki. Dyplomatyczna gra na dwóch fortepianach jest bardzo trudna, ale przynosi dobre efekty. Polska rośnie w siłę i wzrasta jej prestiż, ludzie żyją dostatniej. A to nie koniec. Nastroje są coraz lepsze, żadna eksplozja

236

optymizmu, po prostu jest lepiej i ludzie mają nadzieję, że będzie jeszcze lepiej. Ludzie, owszem, wyjeżdżają za granicę, ale tylko dlatego, że można tam trochę więcej zarobić. Gdy już zarobią, wracają, bo nie widzą żadnego istotnego powodu, by wyprowadzać się z Polski. Wciąż nie wszystko jest tak, jakbyśmy chcieli, ale wszyscy razem mamy poczucie, że żyjemy w normalnym kraju. Więcej nawet, w gruncie rzeczy jesteśmy dumni, że tu mieszkamy, że tyle nam się udało. Patrzą na nas z podziwem. My na siebie – z satysfakcją.

Wcale nie uważam, że to jakiś abstrakcyjny scenariusz. On jest optymistyczny, ale jest też realistyczny. Nie jest łatwy, ale jest możliwy do zrealizowania.

POLSKIE WYBORY

Bardzo wiele może się rozstrzygnąć już w najbliższych dwóch latach. Za dwa lata będziemy w Polsce mieli rok konia. W ciągu kilku miesięcy, a może tego samego dnia? – wybory parlamentarne i prezydenckie. W dniu wyborów, kiedy by one nie były, SLD, nawet w razie wzrostu gospodarczego, będzie słabszy niż dziś i raczej niezdolny do stworzenia rządu. Nawet koalicyjnego, chyba że z Samoobroną i PSL-em. Kiepska perspektywa. Opozycja – Platforma Obywatelska i PiS – wciąż nie zyskuje punktów, które traci Sojusz. Koalicja Platformy z PiS-em, PSL-em i Ligą Polskich Rodzin wydaje się wariantem humorystycznym. Cztery partie i dziesięciu kandydatów na premiera. Dziesięciu *ego* nie wytrzymałaby nawet wstępna faza rozmów nad stworzeniem koalicji. Ktoś nowy do rozdania? Może, choć nikogo nowego, żadnej siły na horyzoncie nie widać. Wygląda więc na to, że nawet jeśli będziemy mieli nowy rząd, to nie będzie rząd zbyt silny i od początku będą go rozrywały wewnątrzkoalicyjne różnice.

A prezydentura? Tu wcale nie jest lepiej, w każdym razie jeśli wierzyć sondażom prezydenckim. Kandydatura Jolanty Kwaśniewskiej jest może dobra, jeśli celem wyborów miałoby być utrzymanie władzy przez pewną koterię. Ale jak na całą Polskę, to zadanie mało ambitne. Jolanta Kwaśniewska jako bariera przed Pałacem Prezydenckim postawiona przed Andrzejem Lepperem? Mało poważna wizja. Nie widać faworytów, nie widać oczywistych pretendentów. Ale za rok mogą się pojawić. Albo za dwa. Pytanie, czy będą to ludzie, którzy poradzą sobie nie tylko w sondażach, ale i odbudują nieobecne w Polsce prawdziwe przywództwo.

W polityce wszystko zmienia się na tyle szybko, że brak dobrego rozwiązania dziś nie oznacza, że nie pojawi się ono jutro. Ale może się też nie pojawić. Tymczasem, tak czy owak, my, społeczeństwo, musimy robić swoje i trochę więcej. Nikt nie przeszkadza nam w tworzeniu albo popieraniu inicjatyw obywatelskich. Nikt nie zakazuje nam walki o wolność słowa. Nikt nie przeszkadza nam w walce o publiczną telewizję. Nikt nie uniemożliwia nam wychowania naszych dzieci tak, by wyrosły na dobrych ludzi i dobrych obywateli. Nikt nie zabrania nam robić porządków na naszych ulicach, na naszych osiedlach i w naszych spółdzielniach mieszkaniowych. Że to nie ta skala, że chciałoby się jakiejś radykalnej zmiany w kraju? Nikt nie przeszkadza nam w tworzeniu ruchów obywatelskich, nikt nie zabrania tworzenia obywatelskich list w wyborach do Parlamentu Europejskiego. Więcej, z sondaży wynika, że miliony Polaków takie listy by poparły. Możemy tworzyć partie polityczne i na nie głosować. Może nie wszystko, ale wiele jest w naszych rękach. Wielu rzeczy nie uda się zrobić. Wiele działań da efekt dopiero za lat pięć, dziesięć albo dwadzieścia. Ale naszym rodzinom i środowiskom potrzebna jest „strategia długookresowa". Tu nie da się pójść na skróty. Droga wyboista, ale ważne, by chociaż kierunek był słuszny. A jak już obierzemy właściwy kierunek, to potem musimy robić swoje. I trochę więcej.

MARZENIA?

Wierzę, że w Polsce może być lepiej. Nie z dnia na dzień, ale z roku na rok, dzięki pracy i wysiłkowi nas wszystkich, a w każdym razie zdecydowanej większości. Większości, która przestrzega prawa, płaci podatki, wychowuje dzieci na dobrych obywateli. Większości, która z odwagą i samozaparciem dzień po dniu pcha Polskę naprzód. Większości, która dobrze robi to, co robi, zakładając firmy, pracując w szpitalach i w szkołach, pracując na swoim i na cudzym, na cały etat i na dwa etaty, odkładając grosz do grosza, by opłacić rachunki, kupić dzieciom podręczniki i odłożyć parę złotych na emeryturę. Większości ludzi, którzy za kilkanaście lub kilkadziesiąt lat chcą z satysfakcją powiedzieć, że jest im lepiej, niż było ich ojcom i matkom, że jest wielka nadzieja, iż ich dzieciom będzie jeszcze lepiej, że z wielkimi problemami, ale jakoś ten wózek z napisem „Polska" pociągnęliśmy w dobrym kierunku.

Wierzę, że możemy być dumnym, zadowolonym z siebie narodem, wierzę, że dni chwały i radości są przed nami. Wierzę, że przyjdzie czas, gdy – wyleczeni z kompleksów – nie będziemy w europejskim salonie zażenowani przestępować z nogi na nogę, ale zajmiemy należne nam miejsce przy stole możnych, miejsce wynikające nie tylko z faktu, ilu nas jest, ale przede wszystkim z tego, kim jesteśmy i czego dokonaliśmy. Wierzę w to głęboko.

W 1900 roku brytyjski odkrywca Antarktyki Sir Ernest Shackleton dał ogłoszenie przed wyprawą na biegun południowy. Odzew był taki, że on sam mówił później, iż miał wrażenie, jakby chcieli mu towarzyszyć wszyscy

239

Brytyjczycy. Co napisał w ogłoszeniu? „Poszukuje się mężczyzn na ryzykowną podróż. Niskie honorarium. Straszliwe zimno. Długie miesiące w kompletnej ciemności. Nieustające niebezpieczeństwo. Bezpieczny powrót wątpliwy. Honor w razie sukcesu".

Warszawa, wrzesień 2003

SPIS TREŚCI